HOTEL 中等职业学校 | 高星级饭店运营与管理 | 专业教材

中餐

ZHONGCAN JICHU FUWU

基础服务

邹薇 雒曦 ◎主编

西南师范大学出版社

国家一级出版社 全国百佳图书出版单位

图书在版编目(CIP)数据

中餐基础服务 / 邹薇,雒曦主编. —重庆:西南
师范大学出版社,2013.8
高星级饭店运营与管理专业教材
ISBN 978-7-5621-6439-5

Ⅰ.①中… Ⅱ.①邹… ②雒… Ⅲ.①中式菜肴—餐
馆—商业服务—中等专业学校—教材 Ⅳ.①F719.3

中国版本图书馆CIP数据核字(2013)第194280号

中餐基础服务

邹 薇 雒 曦 主编

责任编辑:张渝佳
文字编辑:聂朝昭
书籍设计:猪八戒·魏显锋
排　　版:重庆大雅数码印刷有限公司
出版发行:西南师范大学出版社
　　　　　(重庆·北碚 邮编 400715)
　　　　　网址:www.xscbs.com
印　　刷:重庆市蜀之星包装彩印有限责任公司
开　　本:787mm×1092mm 1/16
印　　张:6.75
字　　数:145千字
版　　次:2013年9月第1版
印　　次:2013年9月第1次印刷
书　　号:ISBN 978-7-5621-6439-5
定　　价:20.00元

编委会

总序

随着社会经济的快速发展,旅游业已成为全球经济中发展势头最强劲和规模最大的产业之一。酒店业是旅游业的三大支柱产业之一,旅游业的发展为酒店业和酒店职业教育提供了强大的发展动力。酒店从业人员的服务质量关系企业的生命与行业的声誉,而培养合格的酒店业从业人员须有符合行业需要的专业教材。

为适应我国当前的中等职业教育发展形势,配合国家示范性中等职业学校建设计划,重庆市旅游学校一直致力打造"服务重庆,辐射西部,面向全国,与国际接轨"的职教品牌学校。学校希望通过示范校建设切实在中等职业教育改革发展中发挥引领、骨干和示范作用,为国家和区域经济发展培养技能型、实用型人才,在专业建设中能为其他职业学校同类专业提供参考,现特别推出高星级饭店运营与管理专业系列教材。

本系列教材,在吸纳了中澳职教项目课程开发的经验基础上,遵循"以职业能力为本位,以项目任务为载体"的原则,科学选择教材内容,精心编制教材体系。教材编写中坚持以就业为导向、以人的全面发展为中心,突出实践技能的培养,注重学生职业素养的提升。教材难度适中,符合中等职业教育学生的现状,实用性强,既可供中职学校高星级饭店运营与管理专业师生作为教材使用,也可作为酒店专业的培训教材。

本系列教材在编写过程中,得到了重庆澳维酒店、重庆白鹭原茶艺馆、重庆天扬咖啡有限公司等企业的大力支持与帮助,在此表示衷心的感谢。

重庆市旅游学校

2013年6月

前言

　　《中餐基础服务》在编写思路上注重学习者胜任酒店餐厅服务员、迎宾员等职业岗位和职业角色所需的知识、技能和素养,以项目为载体,以工作任务为驱动,以学生为主体,采用餐厅服务员、迎宾员的工作过程为中心的行动体系和教学做一体的项目化教学模式。全书在内容安排与形式上突破了常规按章节顺序编写知识和训练技能的结构形式,以餐厅服务工作过程为主线,安排了4个项目,每个项目分为多个任务,主要内容有:中餐服务基本技能、餐前准备、餐中服务、餐后工作等。

　　本书4个项目16个任务均来自于酒店餐厅服务员、迎宾员的职业岗位活动和工作流程,注重整合理论知识和实践知识、显性知识和默会知识,有机将陈述性知识穿插于程序性知识之中。在项目与任务的编排中,重视职业教育特点和中职学生的认知规律,遵循由浅入深、由简到难、螺旋上升的原则和工作逻辑。为了培养学生的可持续发展能力,项目与任务中的活动注意学生社会能力的培养,设置的知识拓展供学生自主学习,有利于提高学生的自主学习能力。本书既可作为中等职业学校高星级饭店运营与管理专业教材,也可以作为在职人员的培训教材或自学用书。本书建议学时为72课时,具体学时分配可参照下表:

项目	内容	建议学时
一	中餐服务基本技能	34
二	餐前准备	6
三	餐中服务	22
四	餐后工作	4
机动		6
合计		72

本书由赖雁负责项目一的编写,邹薇、雒曦、蒲雪花负责项目三的编写,杨柳负责项目二、项目四的编写。全书由邹薇统稿,邹薇、雒曦审稿。

　　本书在编写过程中,参考了不少文献资料和网上资料,在此对原作者表示衷心的感谢。由于本书的编写时间仓促,疏漏之处在所难免,恳请广大读者批评指正,我们将在再版时更正,谢谢!

编者

2013年6月

目 录
MULU

项目一

XIANG MU YI

中餐服务基本技能

项目描述

　　良好的职业素养是成功的基础,专业的服务技能决定着服务质量的优劣和服务效率的高低。本项目的内容均为中餐服务最基本的技能,包括托盘、餐巾折花、中餐零点摆台、斟酒4个任务。学习完本项目后,学员能运用这些基本技能,更好地完成餐饮对客服务。

学习目标

①能按照托盘操作程序与标准,使用托盘完成物品的托送。

②能运用餐巾折花的基本技法,完成多种餐花的折叠。

③能按照摆台的程序与标准,独立完成中餐零点摆台。

④能规范、专业地进行酒水的斟倒。

任务一
托　盘

任务目标

1. 能根据所需托送的物品，选择合适的托盘。
2. 能根据托送物品的实际情况，进行合理装盘。
3. 能按照托盘服务的操作程序与标准，熟练完成轻托操作。

资源准备

1. 场地准备：模拟餐厅实训室。
2. 用品准备：圆托盘、砖、酒瓶等。
3. 仪容仪表准备：学生按规定着装，保持双手卫生，发型符合规范。

任务描述

职业学校毕业生小杨刚到酒店工作，经过培训很快就开始独立承担餐厅服务工作。可是在一次进餐服务时，小杨一不小心，将托有葡萄酒的杯子全部打翻，酒渍洒在邻近的一位客人身上，弄得客人非常难堪。

任务分析

该案例问题出在小杨的托盘技能的基本功不够扎实，缺乏托盘的基础训练，给托盘服务的操作留下了隐患。因此，作为餐饮服务人员，托盘是一项基本功，必须坚持长期的训练。

一、托盘的选择

此次任务中所用托盘为中圆托盘，根据托盘重量来分析，一般托送5千克以下的物品，应使用轻托（胸前托）的方法。它适用于中、小圆托盘和小方托盘，是专门用来为宾客斟酒、派小吃、派菜或托送较轻的物品。

二、托盘的操作步骤及要求

托盘一般需经过理盘、装盘、起盘、行走、落盘5个步骤完成。轻托具体操作方法与标准如下图所示。

1. 理盘：（1）选择合适的托盘，将托盘洗净擦干，托盘的正反面都需要清洁（图1-1-1）。（2）垫盘垫。在盘内垫上盘巾，铺平拉直，盘巾的四边与盘底对齐，力求美观整洁，盘垫也要注意卫生（图1-1-2）。

图1-1-1

图1-1-2

2. 装盘：根据所盛物品的形状、大小及使用的先后顺序合理装盘，多种物品同时装时，尤其要注意重量的分布要均匀（图1-1-3）。

图1-1-3

3. 起盘：（1）先将左脚向前一步，两脚站立成弓步（图1-1-4）；（2）右手将托盘拉出桌面1/3，左手伸进盘底五指分开，掌心向上托起托盘底部中心（图1-1-5），右手协助左手；（3）待托盘平稳后右手放开，左脚收回，使身体呈站立姿势（图1-1-6）。（起盘动作要慢，一定要将盘的重心放于左手的掌中心）

图1-1-4

图1-1-5

图1-1-6

4. 行走：（1）头正肩平，上身挺直，目视前方，脚步轻稳，托盘随走动的步伐在胸前自然摆动（图1-1-7）；（2）常用步伐有常步、疾步、碎步、垫步等。（注意观察行走过程中的突发情况，避免翻盘）

5. 落盘:(1) 落托盘时,左脚向前一步,用右手扶着盘沿协助左手落盘(图1-1-8)。(2)待盘面与台面持平时,再用左臂或左手将盘向前推进(图1-1-9)。(3)落盘动作结束后应及时将盘内物品整理好(图1-1-10)。(落盘与起盘一样重要,待盘安全放于工作台后,再将物品卸盘)

图1-1-7

图1-1-8

图1-1-9

图1-1-10

 知识拓展

一、托盘的种类与用途

1. 托盘的种类

(1)按质地划分,有木质托盘、金属托盘和胶木托盘。目前饭店使用较多的是防滑工艺处理的胶木托盘。

(2)按规格和用途分,又可分为大、中、小3种规格的长方形托盘(图1-1-11)和圆形托盘(图1-1-12)。

★ 大长方形托盘和中长方形托盘:用于托运菜点、酒水和盘碟等较重物品。

★ 大圆形托盘和中圆形托盘:用于斟酒、展示饮品、分菜、送咖啡冷饮等。

★ 小圆形托盘:主要用于递送账单、账款,递送邮件等。

图 1-1-11

图 1-1-12

2. 托盘的作用

（1）为餐饮服务的物品托运提供便利，提高餐饮服务的工作效率。

（2）体现酒店餐饮服务的专业与规范。

二、托盘的方法及要求

1. 托盘按所托物品重量，除了轻托外，还有重托，又叫肩上托。一般在5千克以上，主要托运菜点和盘碟。其操作步骤与轻托同步，托盘方式略有不同。

图 1-1-13

重托要点：双手将托盘移至工作台外，用右手拿住托盘的一边，左手伸开五指托住盘底，掌握好重心后，用右手协助左手向上托起，同时左手向上弯曲臂肘，向左后方旋转180°，擎托于肩外上方，做到盘底不搁肩，盘前不靠嘴，盘后不靠发（图1-1-13）。

2. 托盘操作的基本要求

（1）三平：眼睛平、双肩平、托盘平。

（2）二稳：盘内物品稳、身体姿势稳。

（3）一松：面部表情轻松。

🍅 任务演练

演练一：

按清单装盘

1. 教师提供物品清单。

★ 10个口汤碗、10个调羹、10个调味碟、10个筷架、10双筷子

★ 5个水杯、5个白酒杯

★ 红酒一瓶，红酒杯5个

2. 各小组讨论并派代表展示。

3. 请代表分析装盘原因。

4. 师生点评。

演练二：

托盘手法及平衡训练

1. 物品准备：每组准备一块九五砖、5个装满水的小气球。

2. 分组练习托空盘，主要由教师纠正托盘手法。

3. 各组学生将一块砖头平放在托盘上，进行托盘训练2分钟。

4. 各组学生尝试将一块砖头竖放在托盘上，进行托盘训练2分钟。

项目一 中餐服务基本技能

5. 托5个小气球,训练学员的托盘平衡控制能力。

演练三:

学员分组练习托盘行走,揣摩托盘技巧及突发问题的处理方法

1. 轻托行走

将两瓶啤酒从一个目的地托送至另一目的地。

将一瓶红葡萄酒和4个葡萄酒杯托送至某餐桌。

2. 托盘下蹲

托4个汤碗,中途下蹲拾起一双筷子。

3. 托盘转身

演练四:

设置职场障碍,培养学生应对突发事件的处理能力

1. 情景设置

情景一:托盘斟酒时,宾客突然站起来,应怎样避开?

情景二:宾客在较拥挤的空间正朝你走来,应怎样避开?

2. 分小组讨论,汇总书面意见。

3. 每组派代表进行阐释。

学习评价

托盘任务评价表

班　　级:　　　　　组　别:　　　　　姓　　名:
指导老师:　　　　　鉴定者:　　　　　评价时间:

考核项目	考核标准	根据评价结果在以下栏目中打"√"	
		完成	未完成
职业素养	1. 注意卫生		
	2. 使用托盘过程中,有职场安全意识		
知识要求	1. 列举托盘的分类及用途		
	2. 能描述托盘的方法		
技能要求	1. 能选择合适的托盘		
	2. 能合理地装盘		
	3. 能安全地托送物品到目的地		
综合评价:			
还需要改进的部分:			

建议:以上评价表可由学生自评,也可由同学互评,还可以由指导教师评价。

任务二
餐巾折花

任务目标

1. 能描述餐巾折花的基本手法及要领。
2. 能根据图谱的展示内容,对照其规范完成餐巾折花。

资源准备

1. 场地准备:模拟餐厅实训室。
2. 用品准备:工作台、大瓷盘、餐巾、杯子、展示盘。
3. 仪容仪表准备:学生按规定着装、保持双手卫生、发型符合规范。

任务描述

某酒店餐厅包房,厅内富丽堂皇,餐具精美。更引人注目的是饮料杯中摆放着造型各异的餐巾花,有的如鸟,栩栩如生;有的如花,活灵活现。原来,这样的布置是酒店特意为一对新婚的夫妻安排的,意为祝福他们"在天愿作比翼鸟,在地愿为连理枝"。

任务分析

小小的一张方形餐巾,通过服务员灵巧的双手,不仅创造了美,还营造了浓厚的艺术氛围,上升为一种艺术。餐巾折花这项技能,也是酒店餐饮从业人员的必修课。

一、认识餐巾花

1. 餐巾折花的定义

餐巾折花是指餐厅服务员通过艺术创造,将餐巾折叠成各种具体形态的一项技能。

2. 餐巾的作用

(1)餐巾是一种卫生保洁用品,可铺在膝上,防止菜汁、汤汁滴落。

(2)餐巾花型可以装饰美化餐台。

(3)餐巾花型的摆放可标识宾主席位。

(4)餐巾花以一种无声的语言,起到交流宾主感情、烘托进餐气氛的作用。

3. 餐巾花造型的种类

(1)按餐巾花摆放用具分为杯花和盘花。

现在高星级饭店中,很少使用杯花。因为杯花折叠费时,造型过于复杂,折叠过程中反复使用手指推挤、拉扯,会让客人感觉不卫生。

(2)按餐巾花的外观造型分为:植物类、动物类、实物类。

4. 餐巾花的摆放原则

（1）主花要摆放在主人位，一般的餐巾花则摆插在其他宾客席上，高低均匀，错落有致，动植搭配。

（2）将观赏面朝向宾客席位。

（3）形状相似的花型错开并对称摆放。很多高星级饭店餐厅都采用统一的花型。

（4）各餐巾花之间的距离要均匀，整齐一致。

餐巾花不能遮挡台上用品，不要影响服务操作。

5. 折叠餐巾花的注意事项

（1）识别餐巾的规格、面料、正反面等。

（2）先检查餐巾是否平整、四边是否整齐成直线。

（3）选择花型。（一般用盘花，如有主题预定，可灵活设计）

（4）讲究清洁卫生。（注意双手干净；折花时，可在干净的白瓷盘中完成；不可用嘴叼、咬）

（5）熟记图谱，最好一次折成，避免餐巾上留下多道折痕。

二、餐巾折花的基本折叠手法

造型各异的餐巾花主要包括叠、折、卷、翻、拉、捏6个基本手法。其操作方法与标准，如下所示。

1. 叠：将餐巾一折为二或二折为四或对折成三角形等其他基础形状。其要领是看准线缝，一次叠成，避免反复折叠（图1-2-1）。

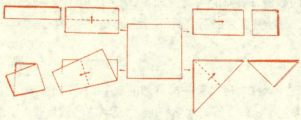

图1-2-1

2. 推（折）：（1）用双手的拇指、食指握紧餐巾，两个大拇指相对成一线，指面向外，中指控制好下一个折裥的距离，推折成的折裥要均匀整齐，推折裥的宽度应视具体花型而定（图1-2-2）；（2）拇指、食指的指面握紧餐巾向前推折到中指处（图1-2-3）；（3）中指再空出去控制下一个折裥的距离；（4）三个指头互相配合，向前推折。

控制间距

向前推折

图1-2-2　　　　　　　　　　　图1-2-3

3. 卷:将餐巾卷成筒状并制出各种花型的手法。具体分为直卷和螺旋卷。(1)直卷。将餐巾两头平行在一起卷拢,要求卷得平直,包括单头卷、双头卷和平头卷(图1-2-4)。(2)螺旋卷。将餐巾折成三角形,由餐巾一侧卷起;另一种是将餐巾一头固定,卷另一头,或一头多卷,一头少卷(图1-2-5)。(注意:不管是直卷,还是螺旋卷,餐巾都要卷紧)

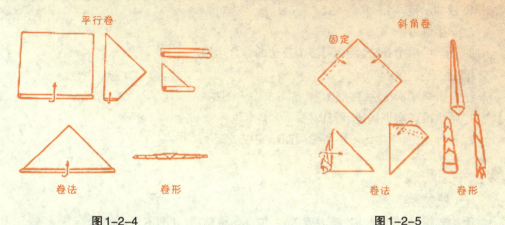

图1-2-4 图1-2-5

4. 翻:翻的含义较广,餐巾折制过程中,上下、前后、左右、里外改变部位的翻折,均可称为翻,注意大小合适,自然美观(图1-2-6)。

5. 拉:(1)餐巾折中的拉,常常与翻的动作相配合,在翻折的基础上为使造型挺直,往往就要使用拉的手法。(2)通过拉巾角,使线条曲直分明,花型显得挺拔、有生气(图1-2-7)。(拉时用力要均匀,不要猛拉,否则会影响花型)

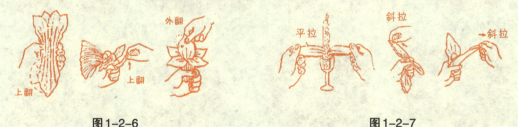

图1-2-6 图1-2-7

6. 捏:捏也是使用较多的技法,主要用于做鸟与其他动物的头。方法是:用一只手的拇指、食指、中指三个指头进行操作,将所折餐巾巾角的上端拉挺,然后用食指将巾角尖端向里压下,中指和拇指将压下的巾角捏紧,捏成一个尖嘴,作为鸟头(图1-2-8)。(可根据造型需要,将鸟头进行变化)

图1-2-8

 **任务演练**

演练一：

餐巾折花基本技法

1. 教师示范。

2. 学生练习。

3. 先学习单个技法，再练习多个技法的综合运用。

演练二：

结合所学基本技法，按照图谱，练习每个实例花型

1. 师生准备实训场地、器具。

2. 教师示范，学生练习。可参照图示完成。

实例花型图谱

一、植物类

手法要领：处理花叶时，要力度适宜，根部包裹整洁，花型不宜过大。

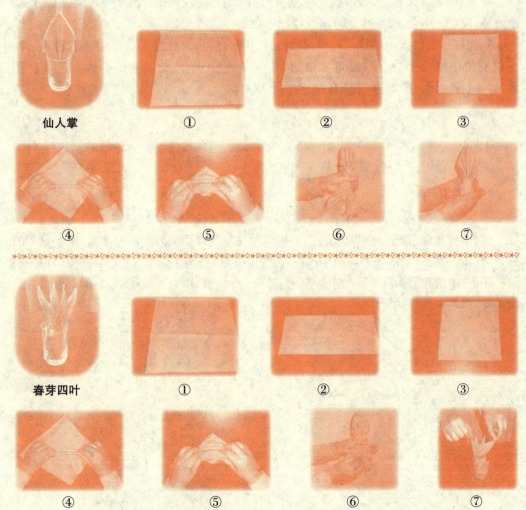

仙人掌　　①　　②　　③

④　　⑤　　⑥　　⑦

春芽四叶　　①　　②　　③

④　　⑤　　⑥　　⑦

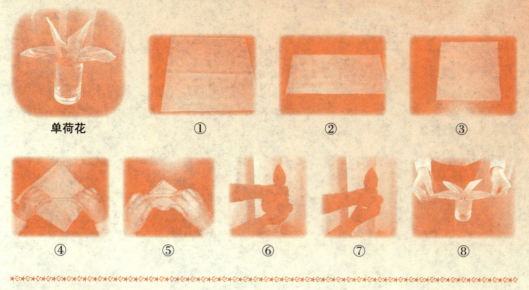

单荷花

① ② ③

④ ⑤ ⑥ ⑦ ⑧

双荷花

① ② ③

④ ⑤ ⑥ ⑦

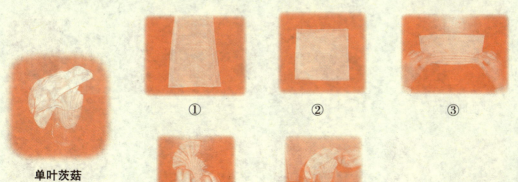

单叶茨菇

① ② ③

④ ⑤

双叶茨菇

① ② ③ ④ ⑤ ⑥

水上睡莲

① ② ③ ④ ⑤ ⑥

四叶球花

① ② ③ ④ ⑤ ⑥

二、高花类

手法要领:注意体现花型刚毅挺立、醒目的特点,造型不宜繁琐。

芭蕉叶

①　　　　　　　　②

③　　　　　　　　④　　　　　　　　⑤

并蒂莲

①　　　　　　　　②

③　　　　　　　　④　　　　　　　　⑤

单叶挺立

①　　　　　　　　②

③　　　　　　　　④　　　　　　　　⑤

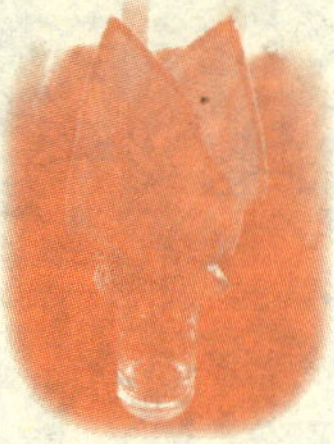

双叶争辉

①  ②  ③ 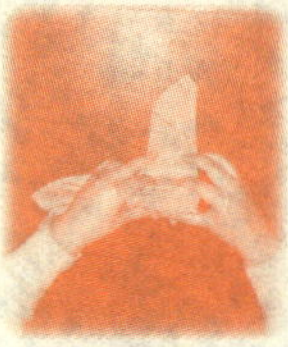 ④  ⑤

孔雀开屏

①  ②  ③ ④

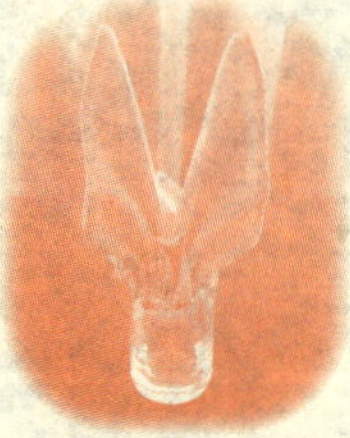

中餐基础服务

大鹏展翅

①  ②  ③

④  ⑤  ⑥  ⑦

⑧  ⑨ 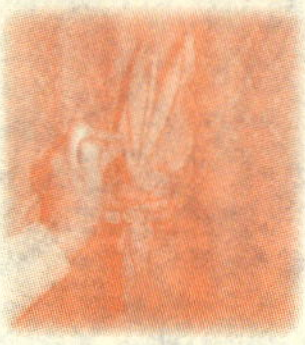 ⑩  ⑪

三、动物类

手法要领:注意把握动物比例,抓住动物特征,尽力达到"形似"。

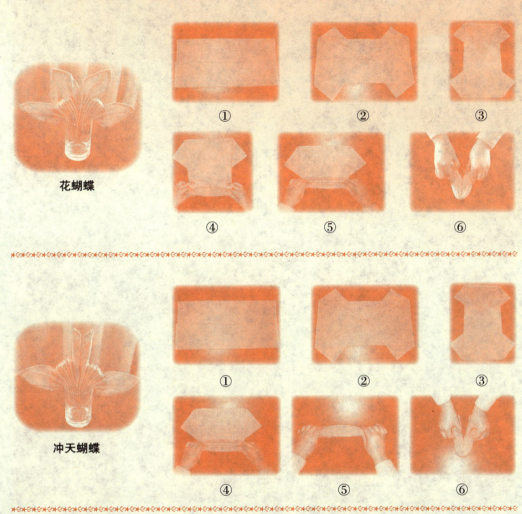

花蝴蝶

① ② ③

④ ⑤ ⑥

冲天蝴蝶

① ② ③

④ ⑤ ⑥

和平幼鸽

① ②

③ ④ ⑤ ⑥

项目一 中餐服务基本技能

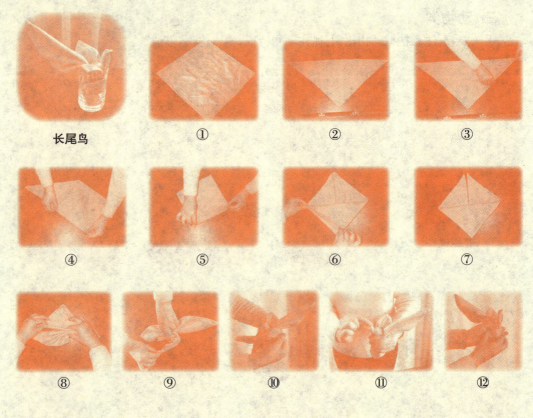

长尾鸟

① ② ③

④ ⑤ ⑥ ⑦

⑧ ⑨ ⑩ ⑪ ⑫

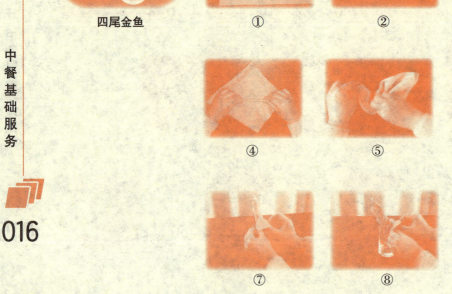

四尾金鱼

① ② ③

④ ⑤ ⑥

⑦ ⑧ ⑨

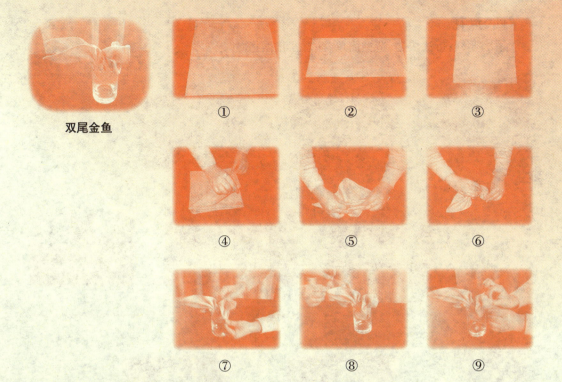

双尾金鱼

① ② ③

④ ⑤ ⑥

⑦ ⑧ ⑨

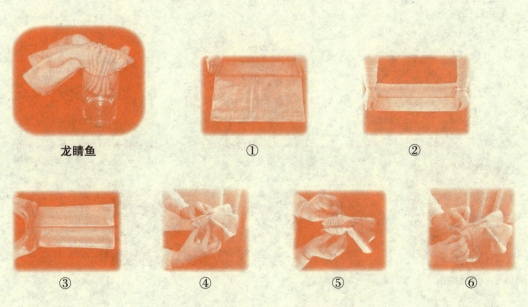

龙睛鱼

① ②

③ ④ ⑤ ⑥

四、盘花

手法要领:折法快捷,造型简单,注意摆正摆稳。

皇冠　　①　　②

③　　④ 　　⑤

生日蜡烛 　　① 　　②

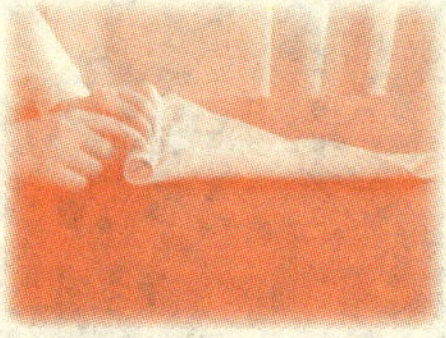

③ 　　④

领带折巾　　①　　②

③ 　　④ 　　⑤ 　　⑥

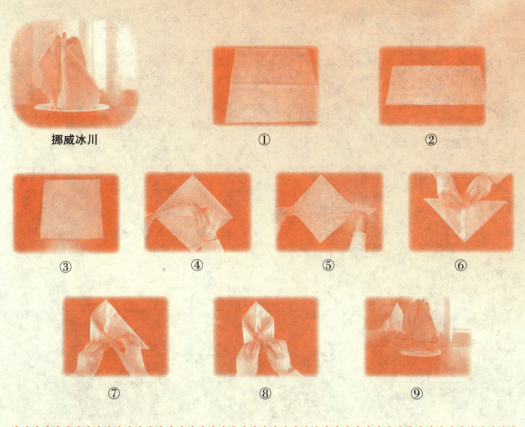

挪威冰川

① ② ③ ④ ⑤ ⑥

⑦ ⑧ ⑨

水晶扇面

① ② ③ ④ ⑤

⑥ ⑦ ⑧

主教帽　　　①　　　②

③　　　④　　　⑤

如意信封　　　①　　　②

③　　　④　　　⑤　　　⑥

出水芙蓉　　　①　　　②

③　　　④

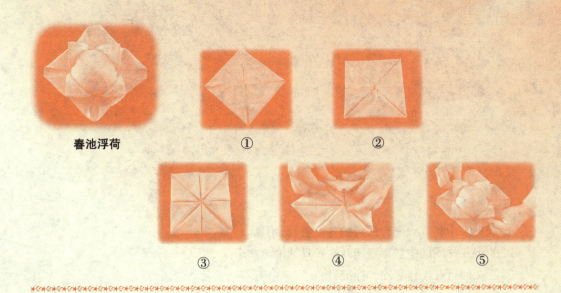

春池浮荷　　　　　　　①　　　　　　　②

③　　　　　　　④　　　　　　　⑤

学习评价

餐巾折花任务评价表

班　级：　　　　　　　组　别：　　　　　　　姓　名：

指导老师：　　　　　　鉴定者：　　　　　　　评价时间：

考核项目	考核标准	根据评价结果在以下栏目中打"√"	
		完成	未完成
职业素养	1. 注重个人仪容仪表及卫生		
	2. 操作中,有职场安全意识		
知识要求	1. 能列举餐巾花型的分类及内容		
	2. 能描述餐巾折花的基本技法及要领		
技能要求	1. 操作手法卫生正确,不用口咬,不用下巴按		
	2. 花型一次成型,挺拔、美观		
	3. 花型突出正、副主位,整体协调		
	4. 餐巾花观赏面面向客人,有头、尾的动物造型应头朝右(主位除外)		
综合评价:			
还需要改进的部分:			

建议:以上评价表可由学生自评,也可由同学互评,还可以由指导教师评价。

任务三
中餐零点摆台

任务目标

1. 能列举中餐零点摆台所需的各类餐具、用具。
2. 能记住常用的中餐零点摆台的餐具的中英文名。
3. 能按照行业操作程序和标准,独立完成中餐零点餐台面的摆台。

资源准备

1. 场地准备:模拟餐厅实训室。
2. 用品准备:圆桌、餐椅、餐具、杯具、用具、桌布、餐巾。
3. 仪容仪表准备:学生按规定着装,保持双手卫生,发型符合规范。

任务描述

酒店中餐厅即将开门迎客,餐厅主管正在进行着最后的检查。突然,主管发现餐桌上的玻璃杯已经出现一道裂痕。主管立即让区域服务员调换了杯子,避免了意外的发生。

任务分析

高星级酒店餐厅中,宾客所使用的绝非一次性餐用具,都是高档餐用具,价格不菲且还要多次使用。此案例中的餐厅服务员在餐前摆台工作时,粗心大意,没有认真对餐具进行检查。所幸的是主管工作较细心,否则,如果在客人享用酒水时,出现酒杯破裂,后果将不堪设想。

一、摆台的定义

摆台就是为就餐宾客提供必要的就餐用具和舒适的就餐座位。它包括布置餐桌、铺台布、安排席位、准备用具、摆放餐具、美化席面等等。

二、中餐零点摆台中的常用餐具

1. 餐碟(骨碟)(Bone Plate):宾客吃冷、热菜和接骨刺等的盘(图1-3-1)。
2. 汤碗(Soup Bowl):用来盛汤或吃其他带有汤汁菜肴的小碗(图1-3-2)。
3. 调味碟(Saucer):盛放调味品的小碟(图1-3-3)。
4. 汤匙(Soup Spoon):通常放在汤碗里,用作喝汤、吃带汁的菜肴(图1-3-4)。
5. 筷子(Chopsticks):进餐中夹取食物的工具。很多高星级酒店都不再使用筷套(图1-3-5)。

6. 筷架(Chopsticks Stand)：将筷子前端架起，避免筷子与台面接触(图1-3-6)。

7. 水杯(Water Glass)：饮用软饮料类的杯具(图1-3-7)。

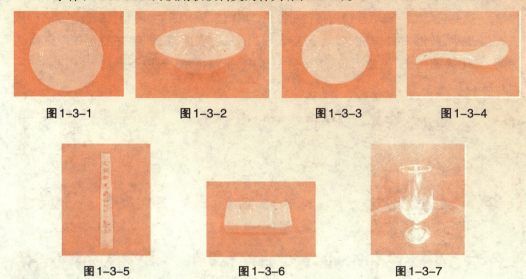

图1-3-1　　　　图1-3-2　　　　图1-3-3　　　　图1-3-4

图1-3-5　　　　图1-3-6　　　　图1-3-7

三、摆台前的准备

1. 餐桌、餐椅安全稳固，摆放到位。

2. 用杯布擦亮餐具、各种玻璃器皿，要求无任何污迹、水迹、手印、口红等。

3. 仔细检查餐具破损情况，如有破裂，必须更换。

4. 检查布件是否干净、破损，不符合要求应调换。

5. 物品分类分档，摆放整齐，便于拿取。

6. 物品准备到位，数量充足。

四、摆台时应注意的问题

1. 服务员摆放各种物品时，应注意操作卫生。如：摆放骨碟、味碟时要拿边缘；摆陶瓷勺时拿勺柄；摆放酒具时拿杯子下半部或杯柱，手不能触及杯口。

2. 摆台过程中，要从主人席位开始，按顺时针方向操作。

3. 摆台过程中，除台号牌、装饰物可徒手操作外，其余操作均应使用托盘操作。

4. 注意餐用具轻拿轻放，无餐用具落地、打碎、翻盘等失误。

五、中餐零点摆台程序与标准

中餐零点摆台包括铺台布、摆放转圈转盘、餐碟定位、摆放瓷器、摆放玻璃器皿、餐巾花装饰、其他用具准备共7个步骤的内容。

中餐零点摆台程序与标准，如下图所示。以一桌10人位零点摆台为例。

1. 铺台布：(1)推台布。正身站于主人位，捏住台布一边，将台布平推向副主人位，推出的台布应平整，中线居中(图1-3-8)。(2)开台布。双手一定要拿住距离中线相等处，将台布向两侧打开(图1-3-9)。(3)收台布。双手拇指和食指、小手指捏住台布边，一边抖平台布，一边向自己收拢台布，收时身体朝前倾，双手将台布收拢于身前(注意：收台布时，用力要均匀,折痕清晰,不能让台布卷在一起)(图1-3-10)。(4)铺台布。双手拇指和食指、小手指捏住台布的一边不要松开。将台布的其他边放开并呈放射状向台面飞出。双手用力均匀,一次到位(注意:双手轻稳地将台布拉正,动作轻、缓)(图1-3-11)。(5)整理台布。从主人位开始,按顺时针方向,走台调整台布,使其达到要求,即铺好的台布应正面凸线朝上,中缝朝向正、副主人位,十字折痕居中,平整清洁,四边下垂均等(图1-3-12、图1-3-13)。

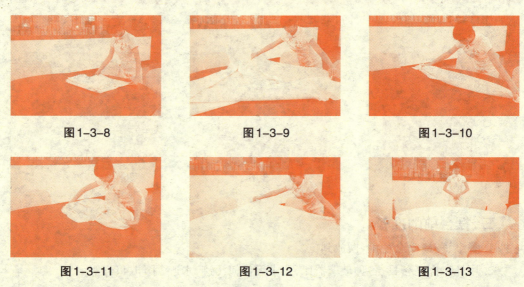

图1-3-8　　　　　　　　　图1-3-9　　　　　　　　　图1-3-10

图1-3-11　　　　　　　　　图1-3-12　　　　　　　　　图1-3-13

2. 摆放转圈转盘:(1)将转圈(轴)放于布正中。要求转图(轴)、转盘、台布、桌圆心四心合一。(2)将转盘放于转轴正中。用手转动转盘,检查旋转是否正常(注意:8人及以上桌面须摆转盘)(图1-3-14)。

3. 餐碟定位:(1)手拿餐碟边缘,将餐碟摆在每个席位正中。餐碟距离桌边1.5厘米(图1-3-15)。(2)碟中店徽等花纹要正对客人。(3)餐碟之间距离相等(图1-3-16)。

图1-3-14　　　　　　　　　图1-3-15　　　　　　　　　图1-3-16

4. 摆口汤碗、汤匙、调味碟、筷架、筷子、银更、牙签:(1)口汤碗摆在餐碟左上方,口汤碗边缘距离餐碟1厘米。(2)汤匙摆在口汤碗中,匙柄朝左。(3)调味碟摆在餐碟右上方。调味碟边缘距离口汤碗1厘米。(4)筷架摆在餐碟右侧,与汤碗、味碟的横向直径在一条直线上;筷子、银更摆在筷架上;牙签放于银更和筷子之间,底部与银更齐平。筷架距离味碟右侧边缘1厘米。筷子后端距离桌边1.5厘米。(5)毛巾碟摆放在餐碟左侧1厘米,距离桌边1.5厘米。(6)茶碟及茶杯在筷子右侧。茶碟边缘距离筷子1厘米,距离桌边1.5厘米(注意:所有餐具上的店徽均应正对客人)(图1-3-17)。

5. 摆放水杯：水杯摆放在餐碟正前方。杯底距汤碗、味碟1~1.5厘米，三者中心成等边三角形（图1-3-18）。

图1-3-17

图1-3-18

6. 餐巾花装饰：花型的选择根据酒店实际情况而定（图1-3-19）。

7. 其他用品的摆放：（1）装饰物摆在台面正中，造型精美；（2）台号牌摆在装饰物正前方，面对副主人位（图1-3-20）。

图1-3-19

图1-3-20

 **知识拓展**

一、中餐宴会摆台

中餐摆台中，除了中餐零点摆台，还包括中餐宴会摆台（图1-3-21）。

二、席位安排

通常中餐宴会座次安排中，主人位通常正对大门，能统观全局；副主人（主人的妻子或第二主人）通常与主人相对而坐，第一主宾可安排在主人右手边，其他宾客则依序安排在正、副主人的左右。

图1-3-21

 任务演练

演练一：

中餐零点摆台分解动作训练

1. 教师进行分解动作的示范（可包括铺台布、餐碟定位、瓷器及用具摆放、杯具的摆放、餐巾花的折叠共5个小项）。

2. 学生分小组、分小项进行练习。

3. 学生互评，教师进行技术指导。

演练二：

中餐零点摆台综合训练

项目一　中餐服务基本技能

1. 一名学生独立完成一桌10客的中餐零点摆台。

2. 在规定时间内,按标准完成摆台。

 **学习评价**

中餐零点摆台任务评价表

班　级:　　　　　　组　别:　　　　　　姓　名:

指导老师:　　　　　鉴定者:　　　　　　评价时间:

考核项目	考核标准	根据评价结果在以下栏目中打"√"	
		完成	未完成
职业素养	1. 仪容仪表符合规范		
	2. 个人卫生达标		
	3. 有良好的职场健康与安全意识		
知识要求	能描述中餐零点摆台餐具、用具的名称及用途		
技能要求	1. 能一次到位地铺好台布。正面凸线朝上,十字折痕居中,平整清洁,四边下垂均等		
	2. 转圈转盘放于餐桌正中,转盘转动无异常		
	3. 餐碟距桌边1.5厘米,且各碟间距相等		
	4. 汤碗、汤匙、调味碟、筷架、银更、筷子、牙签、毛巾碟、茶碟、茶杯摆放位置准确,各餐具间距达标		
	5. 水杯摆放位置准确		
	6. 餐巾花手法正确、一次成型,花型逼真、美观大方		
	7. 装饰物、台号牌摆放位置正确、达标		
	8. 整体要求: (1)台面整体效果美观、协调,便于使用 (2)整套操作无物品落地、碰倒、遗漏 (3)能在规定的时间内完成整套操作		
综合评价:			
还需要改进的部分:			

建议:以上评价表可由学生自评,也可由同学互评,还可以由指导教师评价。

任务四
斟　酒

任务目标

1. 能记住不同酒类的斟酒量标准。
2. 能提供规范的徒手斟酒服务。
3. 能提供规范的托盘斟酒服务。

资源准备

1. 场地准备：实训餐厅。
2. 用品准备：工作台、餐巾、开瓶器、葡萄酒杯、烈酒杯、饮料杯等。
3. 仪容仪表准备：按学生要求着装，保持双手卫生，发型符合规范。

任务描述

某宴会厅内，笑语喧哗，服务员在餐厅穿梭，忙得不可开交。某桌客人举杯敬酒，有几位客人杯里已经见底，客人喊服务员满上。这时，服务员小李左手持啤酒、右手持红酒左右开弓为客人斟酒。

任务分析

上述案例中，服务员小李为提高工作效率而采用左右开弓的斟酒方法，是不规范的。服务员不能因为工作繁忙，就可以违背操作原则，应严格按照饭店餐厅操作标准来规范服务。

一、徒手斟酒

此种方法多用于零点点餐服务，客人选用酒水较单一的情况。一般需要4个步骤完成，如下图所示。

1. 准备工作：托盘、开瓶器、餐巾、酒水、各种类型的酒杯（注意：检查酒水质量；擦拭酒瓶；准备一张干净餐巾）（图1-4-1）。

2. 持瓶姿势：右手拇指打开，四指并拢，掌心贴于瓶身中部，商标朝外，手指用力均匀，使酒瓶握紧在手中（注意：持瓶时，不能挡住商标）（图1-4-2）。

图1-4-1

项目一　中餐服务基本技能

3. 体姿:(1)斟酒时,服务员应站在宾客右侧身后30厘米处,右脚在前,左脚在后,站立在两位宾客的中间,脚掌落地,左脚尖着地呈后蹬势,身体微倾(图1-4-3);(2)服务员面向宾客,每斟好一杯换位置时,左脚掌落地后,右脚撤回,与左脚并齐,使身体恢复原状,后退一步,再准备为下一位宾客斟倒,斟酒服务要形成规律的进退(注意:通常从主宾右侧开始,按顺时针方向进行斟倒)(图1-4-4)。

图1-4-2

图1-4-3

图1-4-4

4. 斟酒:(1)斟倒酒水时,左手持干净餐巾,右手持瓶(图1-4-5);(2)斟酒时,上身略向前倾,瓶口距离杯口2厘米,当酒液斟倒适量时,右手利用腕部旋转将酒瓶的商标向上转,同时左手迅速用餐巾擦拭瓶口,以免酒液滴落,斟酒后身体要恢复直立(注意:切不可将瓶口直接与杯口接触)(图1-4-6)。

图1-4-5

图1-4-6

二、托盘斟酒

此种方法多用于客人人数较多、酒水品种较多的情况。一般需要两个步骤完成,如下图所示。

1. 准备工作:托盘、开瓶器、餐巾、酒水、各种型号的酒杯(注意:检查酒水标识和酒水质量;擦拭酒瓶;按规范将酒瓶摆放在托盘内)(图1-4-7)。

图1-4-7

2. 斟酒:将客人选定的酒水、饮料放于托盘内,左手托盘,右手根据客人的需要取送酒水,并依次进行斟倒(注意:斟酒持瓶手法及体姿要求同徒手斟酒;当服务人员在进行托盘斟酒时,当物品重心变化,更应注意托盘的平衡,避免翻盘)(图1-4-8、图1-4-9)。

图1-4-8

图1-4-9

三、斟酒量的要求

每种酒水斟酒量不同,具体要求也不同。必须掌握下列酒水的斟酒量。

1. 白酒8分满(图1-4-10);
2. 红葡萄酒入杯为1/2,白葡萄酒入杯为2/3(图1-4-11、图1-4-12);

图1-4-10

图1-4-11

图1-4-12

3. 香槟酒先斟1/3,再斟1/3(图1-4-13);
4. 啤酒分两次倒,酒占8分,泡沫占2分(图1-4-14)。

图1-4-13 图1-4-14

 知识拓展

一、酒水的定义

酒水是酒精饮料和非酒精饮料的总称。凡是含酒精成分的饮品在我国均称之为酒。

二、中餐常见酒水

1. 白酒

是以谷物等农副产品为原料,经发酵蒸馏而成的一种高度酒。

2. 黄酒

多以谷物为原料,蒸熟后加入专门的酒曲和酒药,利用其中的多种霉菌、酵母菌、细菌等微生物的共同作用而酿成的原汁酒。因大多数品种中都有黄亮或黄中带红的色泽,故名黄酒。酒度一般在12~18度之间。

3. 果酒

用水果本身的糖分被酵母菌发酵成为酒精的酒,含有水果的风味。其中品种最多的为葡萄酒。

4. 啤酒

啤酒是用麦芽花糖化后加入啤酒花,由酵母菌发酵酿制成的。酒度2~7.5度,素有"液体面包"的美称。

三、非酒精饮料

在饭店中,不含酒精的饮料也非常畅销。它包括咖啡、茶、奶制品、矿泉水、鲜榨果汁、碳酸饮料等。

 任务演练

演练一:

斟酒的体姿体态训练

1. 教师进行分解动作的示范。

2. 学生分小组模拟训练。

3. 小组学生轮流展示。

4. 学生互评,教师指导。

演练二：

徒手斟酒的手法、斟倒技巧训练

1. 把全班分成10个小组，每组中一人扮演服务员，其余扮演客人。

2. 扮演服务员的学员，用徒手斟酒为客人提供斟倒服务。

3. 一轮结束后，组内成员互评。

4. 学生轮流演练。

演练三：

托盘斟酒的手法、斟倒技巧训练

1. 把全班分成10个小组，每组中一人扮演服务员，其余扮演客人。

2. 扮演服务员的学员，用托盘斟酒为客人提供斟倒服务。

3. 一轮结束后，组内成员互评。

4. 学生轮流演练。

 **学习评价**

斟酒服务任务评价表

班　　级：　　　　　　组　别：　　　　　　姓　名：

指导老师：　　　　　　鉴定者：　　　　　　评价时间：

考核项目	考核标准	根据评价结果在以下栏目中打"√"	
		完成	未完成
职业素养	1. 仪容仪表符合行业规范		
	2. 主动使用敬语为客人提供服务		
	3. 有职场健康安全意识		
知识要求	能记住不同酒类的斟酒量标准		
技能要求	1. 能提供规范的徒手斟酒服务		
	2. 能提供规范的托盘斟酒服务		
综合评价：			
还需要改进的部分：			

建议：以上表格可由学生自评，也可由同学互评，还可以由指导教师评价。

项目学习评价表

建议此表在学生学习完本项目后，自我评价。

我已经完成了以下任务的学习	在你认为完成的项目中打"√"
能熟练使用托盘完成物品的托送	
能运用基本技法，完成多种餐巾花的折叠	
能按照摆台的程序与标准，独立完成中餐零点摆台	
能规范、专业地进行酒水的斟倒	

如果你有任何学习或评估上的问题，请与老师联系，我们会帮助你。

_____

_____

_____

我的建议是：

_____

_____

_____

谢谢参与

中餐基础服务

项目二 餐前准备

XIANGMU ER

项目描述

　　餐前准备是在每次服务之前（宾客到来之前），为了欢迎宾客到来，最大程度地达到宾客要求所做的准备工作。通常，作为餐厅员工，需要做大量的餐前准备工作，准备充分与否将直接影响餐间服务的质量水平。本项目包括了餐前的例会准备、用餐的环境准备以及餐用具的准备3个任务。

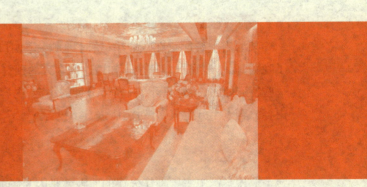

学习目标

①记住餐前准备的主要操作程序、服务标准、注意事项。

②能模拟完成餐厅中餐餐前准备的所有工作。

③遵循行业规则，养成良好的卫生习惯与服务意识。

任务一
餐前例会

任务描述

某酒店中餐厅正在营业中，这时进来一家四口，他们告诉迎宾人员，他们在餐厅预订了晚餐，但是迎宾员却完全不知道这家客人的预订。此时，迎宾员想起，早上开餐前，因为一些特殊原因，主管只开了一个5分钟的小会，内容很简短，可能疏忽掉了客人预订的重要内容。客人十分生气，并对酒店进行了投诉。

任务分析

上述案例中主管工作失误的原因就是因为餐前例会没有将客人预订信息完整地传递给服务人员。作为餐饮服务人员，特别是领班、主管或经理，应该熟悉餐前例会流程和具体内容，尽量避免工作的失误。

一、餐前例会的召开

餐前例会通常是由主管或经理主持，所有当值餐饮服务人员都必须参加，通常在营业前15分钟进行。

二、餐前例会的内容

餐前例会一般包括点名、检查员工仪容仪表等内容。例会内容如下图所示。

1. 点名：对当班人员进行考勤，避免出现迟到现象（图2-1-1）。

2. 通报相关信息：通报当天供应菜品、特荐菜、例汤、沽清单（多与后厨沟通，了解当天菜品）。

3. 通知员工重要信息：饭店需通知员工的事情、注意事项，特别是上一班的员工或者前一天工作出现的一些问题。

4. 预订情况：当天的预订情况，注意反复核对。

5. 特别关注：工作中需要特别注意的事宜，尤其是一些与安全相关的注意事项。

6. 检查工具：检查员工的开工工具（工具主要是指本、笔、开瓶器等）。

7. 员工个人要求：检查员工的头发、面部、手、指甲、服装、鞋袜、首饰及徽章，符合餐厅员工的基本服务仪容仪表仪态要求（图2-1-2）。

8. 学习：学习员工手册。

9. 提问：（1）向员工提问，主要是服务规范、操作要求等。（2）员工提问，不清楚的地方及时解决。

图2-1-1

图2-1-2

 知识拓展

沽清单：

每天服务前，服务员应与厨房员工交流菜单信息，特别是菜单有些改变和每日特别提示的内容。通常在酒店餐饮部，每天每餐都会由厨房在开餐前提供一份沽清单，餐厅员工应熟记其内容，以便客人用菜单点菜时，能被及时通知变更信息或特别提示，避免让客人失望。沽清单信息包括：

★ 每日特别菜品

★ 已售完的菜品清单

★ 有限的清单

★ 主厨的建议

★ 菜单说明

★ 新菜谱

★ 全天清单

★ 所选蔬菜

★ 特殊的预备顺序

★ 无价格菜品的每日市场价

★ 特殊菜肴要求的充足的准备时间

有些酒楼也将变更信息和特别提示写在通知板上，放于能引起客人注意的位置上方，当然，板上的字迹应清楚、干净、流畅。

 **任务演练**

演练一：

师生共同模拟餐前例会

1. 教师模拟主管，带领学生模拟进行一次餐前例会。

2. 学生扮演服务人员，记录例会内容。

3. 学生反馈例会记录内容。

演练二：

学生分组进行餐前例会模拟

1. 学生3~5人一组，每组选出一名领班。

2. 每名领班对于自己的发言形成书面材料。

3. 领班带领本组成员进行餐前例会。

4. 每组之间互相评价例会的情况。

 学习评价

餐前例会任务评价表

班　级：　　　　　　　组　别：　　　　　　　姓　名：

指导老师：　　　　　　鉴定者：　　　　　　　评价时间：

考核项目	考核标准	根据评价结果在以下栏目中打"√"	
		完成	未完成
职业素养	1. 仪容仪表符合规范		
	2. 开工用具备齐		
	3. 礼仪微笑到位		
知识要求	列举餐前例会的内容		
技能要求	1. 能合理安排餐前例会内容		
	2. 能组织召开餐前例会		
综合评价：			
还需要改进的部分：			

建议：以上评价表可由学生自评，也可由学生互评，还可以由指导教师评价。

任务二
环境准备

 任务目标

1. 能记住环境准备的各个要素。
2. 能根据职场环境,完成适当的就餐环境准备。
3. 能根据餐厅环境准备标准,自查各准备环节。

资源准备

1. 场地准备:模拟餐厅实训室。
2. 用品准备:桌、椅、菜单等。
3. 仪容仪表准备:与课人员身着职业装,保持双手卫生,发型符合要求。

任务描述

某酒店中餐厅刚开始营业,几个客人便进入餐厅用餐。客人刚坐下,就闻到一股令人不舒服的鱼腥味,让客人很难受,并且餐厅灯光特别昏暗,客人表示无法在这种环境下用餐,最终选择不在此用餐。

任务分析

上述案例中,导致客人离开、不愿意在餐厅用餐的原因就是因为餐厅工作人员没有重视餐厅的环境准备。

一、就餐区域的清洁

在餐厅开餐前,首先就是要做好就餐区域的清洁,如下图所示。

1. 地毯:清刷干净,无异味(图2-2-1)。
2. 桌椅:牢固、整洁,注意有无破损(图2-2-2)。

图2-2-1

图2-2-2

3. 灯饰：干净无故障（图2-2-3）。

4. 菜单和其他物品：适宜、干净，有吸引力（图2-2-4）。

图2-2-3

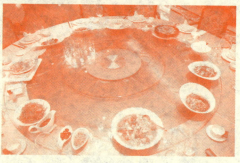
图2-2-4

5. 餐厅的空气：清新无异味（图2-2-5）。

6. 所有的布置和装饰（如画、展示品等）：有吸引力，要与餐厅氛围统一（图2-2-6）。

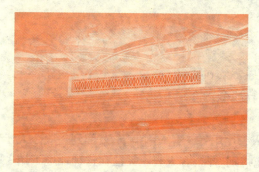
图2-2-5

图2-2-6

7. 摆设的花和新品种（如室内植物和花盆）：新鲜无异味（图2-2-7）。

8. 服务前所有的服务区域和工作台（如玻璃窗、门、开关、门把等）：要打扫干净，角落处要重点打扫（图2-2-8）。

图2-2-7

图2-2-8

二、设置舒适的就餐环境

现代人对饮食的需求，除了卫生，还希望有一个舒适的就餐环境。设置舒适环境应考虑的因素，如下图所示。

1. 员工的个人仪表：头发干净整洁，女生需盘发，按餐厅规定着工装，个人卫生符合餐厅标准（图2-2-9）。

2. 布置/陈列：餐厅布置应与营造的和谐氛围一致，也能反映出酒店提供的食物和服务的主题与格调（如：桌椅的舒适、安全、干净，桌子的装饰物），装饰不要过于复杂（图2-2-10）。

图2-2-9

图2-2-10

3. 光线：（1）明亮的光线适合白天就餐；（2）日光和柔和的灯光更适合晚上就餐；（3）烛光能增强晚上就餐时的心情，但不应在白天就餐时使用；（4）提供的光线应让客人能看清菜单为度，应根据一天的时间来调节室内灯光（图2-2-11）。

4. 音乐：背景音乐对调整情绪很有用，音量的大小应针对客人的类型而设定，音乐的类型应根据不同环境来设置（图2-2-12）。

5. 视域：桌子的摆放应利用好就餐间的视域和特色优势，要考虑餐厅本身的格局（图2-2-13）。

图2-2-11

图2-2-12

图2-2-13

6. 温度：考虑室外温度，餐厅温度应设置在一个舒适的水平，室内外温差不宜过大（图2-2-14）。

7. 新鲜气味：打开空调，短时间地清除异味（图2-2-15）。

图 2-2-14   图 2-2-15

知识拓展

菜单的种类及要求

1. 服务开始前，应擦净菜单和酒单。损坏或浸油的菜单应被拿走。

2. 用餐区域通常有独立的酒单，每张桌都有足够的复印件。

3. 食物菜单的类型有多种多样，包括：

（1）零点菜单（图 2-2-16）

★ 单列菜名

★ 能提供进餐食物的各个部分

★ 每个部分提供大量选择

★ 每个项目有独立的价格

（2）套菜菜单（图 2-2-17）

★ 提供一套组合项目和套价

★ 当客人不享用所有项目，价目仍存在

★ 有时可提供一瓶或一杯葡萄酒

★ 主人可事先安排好组成菜单的项目

图 2-2-16

图 2-2-17

任务演练

演练一：

对模拟教学餐厅就餐区域清洁布置进行检查

1. 学生分组进行清洁布置检查。
2. 各组将检查结果形成书面材料。
3. 小组之间进行评估对比。

演练二：

在模拟教学餐厅中设置舒适就餐环境

1. 学生分组检查环境情况。
2. 设置就餐环境。
3. 小组间互相评比设置情况。

学习评价

环境准备任务评价表

班　级：　　　　　　组　别：　　　　　　姓　名：

指导老师：　　　　　鉴定者：　　　　　　评价时间：

考核项目	考核标准	根据评价结果在以下栏目中打"√"	
		完成	未完成
职业素养	1. 仪容仪表符合规范		
	2. 准时到位		
知识要求	1. 能说出就餐区域清洁检查要点		
	2. 能记住设置就餐环境要考虑的因素		
技能要求	1. 能完成就餐区域清洁布置与检查		
	2. 能设置舒适的就餐环境		
综合评价：			
还需要改进的部分：			

建议：以上评价表可由学生自评，也可由学生互评，还可以由指导教师评价。

任务三
物品准备

任务目标

1. 能按照餐厅餐前准备标准,独立完成物品的准备。
2. 能熟练完成擦拭和端运餐用具的操作。
3. 能做出合理的 Floor Plan。

资源准备

1. 场地准备:模拟餐厅实训室。
2. 用品准备:餐具、菜单、服务用品等。
3. 仪容仪表准备:与课人员身着职业装,保持双手卫生,发型符合规范。

任务描述

某酒店餐饮部中餐厅正在准备当天晚餐的营业,每个岗位的工作人员都在有条不紊地进行着准备工作。小A是新到酒店的员工,此时负责培训他的老员工正忙着另外的工作,没有时间去指导他该如何去做开餐前的工作,因此他很茫然,不知道自己到底该做什么。无奈之下,他只能去向其他的服务员求助……

任务分析

开餐前的准备工作,除了环境准备之外,物品准备也是十分重要的。上述案例中,小A不知道该准备什么,会对他后面的工作产生很大的负面影响,因此,作为餐厅服务人员要特别熟悉开餐前餐厅及相关区域需要准备的物品及应达到的要求及标准。

一、等候区域物品的准备

等候区域通常靠近前门,是宾客进入的第一个区域。建立良好的第一印象是非常重要的,因此干净整洁非常必要。

等候区域通常设有座位,提供客人阅读的材料,供宾客观看的电视。等候区域也有寄物间以存贮宾客物品,所以寄物间能正常使用是至关重要的(图2-3-1)。

图2-3-1

二、餐厅物品准备

在用餐期间,所有的餐具都应经过检查,保证卫生并摆在正确的位置。物品准备程序与标准,如下图所示。

1. 平面布置图(Floor Plan):标准的桌子、椅子,注意有无破损(图2-3-2)。

2. 准备餐具:备好数量充足的干净骨碟、味碟、小汤碗、小汤匙、筷子、筷架、茶杯、毛巾托,注意有无破损(图2-3-3)。

图2-3-2

图2-3-3

3. 准备用具:备好数量充足的台布、口布、小毛巾、花瓶、调料壶、牙签筒、烟灰缸、火柴,注意调料、牙签等是否装满(图2-3-4)。

4. 准备酒具:备好数量充足的饮料杯、葡萄酒杯、白酒杯,注意有无破损(图2-3-5)。

5. 准备服务用品:备好数量充足的托盘、开瓶器、餐巾纸、牙签、调料用具(酱醋壶)(图2-3-6)。

6. 准备酒水饮料:备好茶叶开水、开胃菜(图2-3-7)。

7. 准备菜单:(1)检查菜牌的清洁卫生;(2)备好足量的点菜单;(3)填写好沽清菜单以便在推销时为客人做出解释(图2-3-8)。

图2-3-4

图2-3-5

图2-3-6

图 2-3-7

图 2-3-8

三、卫生间物品准备

卫生间必须一直保持干净,并且各种必要的用品应配备齐全。在客人使用期间,应随时保证卫生间的清洁卫生。打扫卫生间清洁要在《职场健康与安全条例》指导下进行,如下图所示。

1. 卫生间:备有厕纸、皂盒和干净座位,注意厕纸数量要足够,并且要随时关注使用情况(图 2-3-9)。

2. 小便池:干净,运作正常,备有除臭剂(图 2-3-10)。

3. 纸巾分配器:备有纸巾,数量充足并且随时补充(图 2-3-11)。

4. 干手器:卫生,工作状态良好(图 2-3-12)。

图 2-3-9

图 2-3-10

图 2-3-11

图 2-3-12

5. 废纸篓:不溢出,定期处理(图2-3-13)。

6. 地板:干净、无垃圾和脏水,如有需要,摆出安全警示牌(图2-3-14)。

7. 整个区域:干净,无异味(图2-3-15)。

图2-3-13　　　　　　　图2-3-14　　　　　　　图2-3-15

知识拓展

一、做好合理的Floor Plan

1. 什么是Floor Plan

Floor Plan:就是在一个餐厅,所有桌椅摆放的平面图。

一份新的Floor Plan是为每个服务环节所设置的,而所有的服务工作计划都可能是相似的。有时候,仅有少数的不同,但有时候,区别又较大。

根据客位数目和服务类型,通常由主管或领班来做Floor Plan。

2. Floor Plan应包括的内容

★ 桌子将摆放在什么位置

★ 每张桌子有几客

★ 桌子的数目

★ 哪些服务员服务哪些桌子

3. 设置Floor Plan应考虑的要点

可根据菜单的类型和种类来设定餐桌的安排与放置,要考虑:

★ 预订(客人数目、到达时间、特别要求、客人类型和需要)

★ 餐厅的形状和设计(一层楼的地板、舞台、窗户、娱乐区域、通道、电话亭、凹墙、轮椅入口、主要服务路线)

★ 不可移动的物体(服务台、柱子、楼梯间)

★ 家具式样(桌型、桌子尺寸、椅子类型)

★ 出口和门(服务门、消防出口、卫生间门、主要进口)

4. 执行Floor Plan时应考虑的因素

★ 应预留足够的空间以便于客人和服务员走动,通常中餐餐桌标准是以1.8米为直径;每个餐桌占地为10~12平方米;每桌之间的纵距为2米,横距为1.5米;不需要客人起立,要留出空间以便宾客进出。

★ 考虑每个客位的布局给客人的感受,避免客人产生埋怨

★ 尽量满足预订单上的客人的特殊要求(如:商务客户、新婚夫妇、家庭聚会、团体预订等),通常来说,商务客户需要较安静的包房,家庭聚会通常在条件允许的情况下也是安排在包房等)

★ 提供帽子和外衣的放置处

★ 避免将桌子放在通风区域、靠近厕所或厨房门或服务台等处

★ 通常需要先完成Section Plan(值台分区表),合理分配员工工作

中餐工作人员安排表

工作日期:

人员安排 工作区域	值台	传菜	备注
A区			
B区			
C区			
D区			
E区			

二、器具的擦拭与端运

(一)玻璃酒杯的擦拭与端运

1. 准备:(1)准备托盘;(2)准备各种玻璃酒杯;(3)准备干净的布件;(4)准备一盆开水。(准备工作到位,物品齐全)(图2-3-16)

2. 擦洗:(1)把玻璃杯放在热水表面上,让蒸汽进入杯内;(2)玻璃杯置于离水面2.5厘米处,确保让蒸汽覆盖整个内壁(图2-3-17);(3)将擦杯布盖住玻璃杯的底部并用左手握住,用右手中间三个手指轻轻地把杯布塞入杯内,拇指握住外壁,仔细擦拭玻璃杯的里里外外(图2-3-18);(4)将玻璃杯举过视线,放在光线下检查是否有污点、脏物、裂痕或缺损(玻璃杯必须无污渍、无水渍、无裂痕)(图2-3-19)。

图2-3-16

图2-3-17

图2-3-18　　　　　　　　　　　　　　　图2-3-19

3. 端运：玻璃器皿应轻拿轻放，服务过程中应使用托盘搬运，不可摞杯子运送，注意装盘合理，托盘平稳（图2-3-20）。

图2-3-20

（二）瓷质餐具的擦拭与端运

1. 准备：（1）准备托盘；（2）准备各种瓷质餐具；（3）准备干净的布件；（4）准备一盆开水（准备工作到位，物品齐全）（图2-3-21）。

2. 擦洗：（1）准备热水，在宽口的容器里装入25%的开水；（2）有顺序地将不同种类的餐具分组，拿着餐具的把柄将餐具浸到热水里，注意将餐具的把手朝向外面；（3）使用餐巾擦拭餐具：用餐巾的一端贴着盘子边，用手捏住餐巾和盘子，手指不要直接接触盘子，以免留下指纹，应透过餐巾抓紧盘子（图2-3-22）；（4）注意盘子背面也要认真擦拭（图2-3-23）；（5）如果餐具上有水渍或者手指印，使用热水和干净的擦拭布擦拭掉；（6）把餐具放进干净的托盘后，最后才擦拭餐具的把柄（餐具上必须无污渍、无裂痕、无指印、无绒毛）（图2-3-24）。

3. 端运：干净的餐具要放在有垫布的托盘上或用餐巾包好端到餐厅，注意不要一次性运送太重的、成叠的盘子（图2-3-25）。

图2-3-21　　　　　　　　　　　　　　　图2-3-22

图2-3-23　　　　　　　图2-3-24　　　　　　　图2-3-25

（三）刀叉擦拭和端运

1. 准备：(1)准备托盘；(2)准备各种刀叉餐具；(3)准备干净的布件；(4)准备一盆开水，准备工作到位，物品齐全。

2. 擦洗：(1)在浸泡盆中装入5%的开水，如果水变冷，应立即更换；(2)抓住刀叉的手柄处，用热水沾洗；(3)左手用餐巾垫着攥住刀柄，右手仔细擦拭刀叉，为避免碰伤，刀、叉最好分别擦拭(图2-3-26)；(4)在干净的托盘上，放一块

图2-3-26

折叠成四折的餐巾，将刀、叉整齐地摆放在餐巾之间(餐具上必须无污渍、无裂痕、无指印，无绒毛)(图2-3-27)

3. 端运：把擦拭干净的餐具放于叠好的餐巾套中，再放于托盘内端运出去(图2-3-28)。

图2-3-27　　　　　　　　　　　　图2-3-28

 任务演练

演练一：餐厅开餐前物品准备

1. 教师给出任务：在中餐厅，罗列出可供50人进餐所需的物品清单。

2. 学生分组讨论物品清单。

3. 每组派代表阐述物品准备的类型及数量。

4. 小组互评。

演练二:Floor Plan 的制订

1. 各组自行设计餐厅、餐桌、餐椅的样式,画出 100 人进餐的餐厅的 Floor Plan。

2. 小组讨论制订 Floor Plan。

3. 派代表展示并讲解本组的 Floor Plan 的意图。

演练三:擦拭、端运餐用具

1. 教师布置任务,每组按任务单依次完成。

(1)擦拭和端运 3 个红酒杯和 2 个水杯;

(2)擦拭和端运 6 个餐碟;

(3)擦拭和端运 5 套刀叉。

2. 一般 4 名学生为一组,轮流进行演练。

3. 学生互评、教师指导。

 **学习评价**

物品准备任务评价表

班 级:　　　　　　　组 别:　　　　　　　姓 名:

指导老师:　　　　　　鉴定者:　　　　　　评价时间:

考核项目	考核标准	根据评价结果在以下栏目中打"√"	
		完成	未完成
职业素养	1. 仪容仪表符合规范		
	2. 准时到位		
	3. 职场礼仪符合规范		
知识要求	1. 能说出物品准备的程序与标准		
	2. 能记住 Floor Plan 的要点		
	3. 能记住餐用具的擦拭与端运的要点		
技能要求	1. 能做到物品准备准确到位		
	2. 能制作 Floor Plan		
	3. 能正确擦拭与清洁餐用具		
综合评价:			
还需要改进的部分:			

建议:以上评价表可由学生自评,也可由学生互评,还可以由指导教师评价。

项目学习评价表

建议此表在学生学习完本项目后，自我评价。

我已经完成了以下任务的学习	在你认为完成的项目中打"√"
能记住餐前例会的内容	
能组织召开餐前例会	
能记住设置舒适环境考虑的因素	
能记住餐厅就餐区域的清洁标准	
能根据餐厅情况设置舒适的就餐环境	
能按餐厅标准进行物品准备	
能制订简单的 Floor Plan	
能正确擦拭、端运盘碟、玻璃器皿、刀叉勺	

如果你有任何学习或评估上的问题，请与老师联系，我们会帮助你。

_____

_____

_____

_____

我的建议是：

_____

_____

_____

_____

谢谢参与

项目三

餐中服务

XIANG MU SAN

项目描述

　　零点餐厅主要接待零点客人。因为客人的消费需求不同,在提供服务的时候,一方面要注意服务的规范化、程序化,另一方面也要注意服务的个性化、差异化。餐厅服务人员要学习餐中服务的各项服务程序和标准,更需要灵活地应对餐中服务中的各类突发事件。

　　本项目主要由迎宾服务、点菜服务、酒水服务、菜肴服务、席间服务、结账服务、送客服务7个任务构成。通过学习任务的具体内容、操作程序与标准、任务实训演练以及对学员学习效果的评价,以培养和提高学员为客人提供进餐服务的能力。

学习目标

①能热情、规范地进行迎宾服务。

②能熟练、灵活地为客人提供点菜服务。

③能提供中餐常用酒水的服务。

④能规范、灵活地做好菜肴的上菜、分菜服务。

⑤能根据客人进餐情况,熟练、灵活地提供席间服务。

⑥能根据客人的实际情况,提供不同形式的结账服务。

⑦能熟练完成送客服务。

⑧养成职场安全卫生意识和良好的服务意识。

任务一
迎宾服务

任务目标

1. 能正确使用礼貌用语问候客人、迎接客人。
2. 能根据客人的就餐人数及具体情况,将客人安排到合适的就餐位置。
3. 能够为客人提供递巾、问茶、斟茶、拉椅让座、呈递菜单的服务。

资源准备

1. 场地准备:模拟餐厅实训室。
2. 用品准备:餐桌、餐椅、小毛巾、茶杯、茶壶、菜单、托盘等。
3. 仪容仪表准备:着职业装,保持个人卫生,发型符合规范。

任务描述

时逢中秋,小王一家来到某酒店中餐厅就餐。迎宾员简单询问后非常热情周到地把客人直接引领到一包房,服务员并准备开始拉椅让座、点菜服务。但这时客人提出人还未到齐,需要等候……

任务分析

一、更新服务观念,提高个性服务,做好餐前的迎宾服务工作

根据目前酒店管理与餐饮服务理念的更新与发展趋势,为更好地保护客人的隐私,提高中餐服务质量,酒店提供给散客的就餐区域逐渐用包房就餐形式代替了餐厅大堂的就餐形式。在上述案例中,迎宾员与服务员都没有掌握好此服务程序与服务标准,导致出现失误。

二、迎宾服务的操作程序与标准

迎宾服务一般需要餐厅门口热情迎宾、休息区服务、点菜及点菜后的准备工作等9个步骤来完成。如下图所示。

1. 热情迎客:(1)迎宾员应站于餐厅门口迎宾台的位置(图3-1-1);(2)表情自然,面带微笑;(3)当客人步入餐厅时,应热情礼貌地趋步上前问候客人:"先生、小姐,你们好!请问几位客人?"(图3-1-2)(4)询问客人人数、姓名、是否有预订,如有预订,应询问客人的姓名,核对预订单,得到确认后将客人安排在事先预留的座位(注意:如有重要客人来就餐时,餐厅经理或主管应在餐厅门口迎接)。

<table>
</table>

图3-1-1   图3-1-2

2. 引领到包房:(1)根据客人的订桌情况把客人引领到包房;(2)采用引领手势,走在客人的左前方保持1米左右,并不时回头向客人致意(注意:在引领过程中用整只手掌向客人引路,手指并拢,掌心向上,不能用手指。步行速度适中,把握好与客人的距离,提醒客人注意台阶)(图3-1-3)。

3. 引领客人进入包房的休息区:引领客人进入包房的休息区,并采用入座手势请客人在休息区就座(注意:随时关注客人)(图3-1-4)。

图3-1-3   图3-1-4

4. 递巾:(1)在工作台上备好热毛巾(图3-1-5);(2)采用蹲式服务递上热毛巾(图3-1-6)(注意:托盘底的清洁卫生;左手托盘,右手递巾,右手掌心向下,送到客人手上)。

图3-1-5   图3-1-6

5. 问茶：(1)在工作台上备好茶杯、茶壶(图3-1-7)；(2)采用蹲式服务上茶杯(图3-1-8)；(3)采用蹲式服务用茶壶为客人斟茶倒水(图3-1-9)(注意：小心轻放，茶水斟倒以8分为宜；注意及时添茶)。

6. 呈递菜单：(1)使用纸质画册菜单，打开菜单第一页，右手握住菜单上端，左手托住菜单下端，双手呈递给客人；(2)使用电子产品(IPAD)点菜单。打开电源，双手直接呈递给客人(注意：如果不能确定谁是主人，可征询宾客意见，之后再呈递菜单；对于夫妇，应先递给女士)(图3-1-10)。

图3-1-7

7. 拉椅让座：(1)将休息区的客人迎领到餐桌上就座(图3-1-11)；(2)站立于座椅正后方，微笑着用双手握住椅背两侧，将椅子移出半步的距离(图3-1-12)；(3)待客人落座前将椅子往前送；(4)右手做请坐的手势，示意客人入座(图3-1-13)(注意：拉椅、送椅的动作要迅速、敏捷、力度适中、准确到位；服务中按女士、主宾优先的原则；将客人脱下的外套等挂于衣帽架上)。

图3-1-8

图3-1-9

图3-1-10

图3-1-11

图3-1-12

图3-1-13

中餐基础服务

8. 铺口布：(1)站在客人右侧，右脚迈入两椅之间，将口布从餐碟或杯中拿出(图3-1-14)，同时用双手的拇指和食指捏住口布的两个角，在客人身后将口布轻轻展开(图3-1-15)；(2)将口布对折叠成三角形，右手在上，左手在下，将口布轻轻铺在客人的腿上(图3-1-16)(注意：有些酒店也采用将口布展开后将其一角压餐碟下，以免滑落；如果是男服务员为女客人铺口布，应提前礼貌示意；在为客人铺口布时胳膊肘不要碰到客人)。

9. 撤筷套：(1)站在客人右侧，右手拿起筷子，交到左手，用右手打开筷套封口，捏住筷子的后端取出，置于筷架上(图3-1-17)；(2)将每次脱下的筷套握在自己的左手中，最后一起撤走(现在很多酒店不使用筷套)。

图3-1-14

图3-1-15

图3-1-16

图3-1-17

知识拓展

1. 作为一名服务员，在提供优质服务的同时，还要注意人性化的服务。做好客户关系维护，对于曾经光临或已做预订的常客，要礼貌地道出客人的称谓。

2. 如果还有采用餐厅大堂就餐形式的酒店，在引领客人到餐桌安排餐位的时候应掌握以下四点。

(1)把年轻的情侣宾客安排在餐厅靠里边安静的位置，不受打扰。

(2)把老年人或残疾人安排在离餐厅门口较近的地方就座，残疾人应尽量安排在靠边可以挡住其残疾部位的地方。

(3)服装漂亮的宾客可以烘托餐厅的气氛，尽可能安排在客厅中央的位置或亮眼的地方。

(4)如果是几位提公文包衣着整齐的先生进来，可尽量安排在不受干扰的位置上。

3. 为客人提供衣帽服务。

4. 对带孩子的客人主动提供儿童椅。

5. 具备处理突发事件的应变能力。

 **任务演练**

演练一：

分小组对热情迎宾情景模拟扮演

1. 角色分工：按班级人数把学生进行分组，以小组为单位，一名同学扮演服务员，模拟迎接客人的步骤。其他同学配合扮演客人。

2. 小组学生轮流展示。

3. 学生互评，教师指导。

演练二：

分小组对递巾、送茶情景模拟扮演

1. 角色分工：以同桌2人为一小组。一名同学扮演服务员，模拟递巾、送茶的技能。

2. 小组学生轮流展示。

3. 学生互评，教师指导。

演练三：

分小组对引领客人到餐桌就座时的接待服务情景模拟扮演

1. 角色分工：根据模拟餐厅的桌数，把学生分成10个小组，以小组为单位，一名同学扮演服务员，模拟接待服务中的拉椅让座、铺口布、撤筷套的步骤。其他同学配合扮演客人。

2. 小组学生轮流展示。

3. 学生互评，教师指导。

演练四：

设置职场障碍，培养学生应对突发事件的处理能力

1. 情景设置

情景一：客人不小心碰翻茶杯该如何处理？

情景二：在撤筷套的时候，筷子掉落在地上怎么处理？

情景三：如果餐厅座位已满，此时迎宾员应怎么做？

情景四：怎样为不同类型的客人安排座位？

2. 分小组讨论，汇总书面意见。

3. 每组派代表进行阐释。

训练要求：

1. 服务过程流畅、规范。

2. 服务过程中语言运用准确，仪态得体。

3. 注意模拟实训过程中的卫生与安全。

 **学习评价**

迎宾服务任务评价表

班　　级：　　　　　　　　组　　别：　　　　　　　　姓　　名：
指导老师：　　　　　　　　鉴定者：　　　　　　　　　评价时间：

考核项目	考核标准	根据评价结果在以下栏目中打"√"	
		完成	未完成
职业素养	1.仪态仪表符合规范		
	2.使用礼貌用语,面带微笑		
	3.耐心细致、周到		
知识要求	1.能熟练掌握问候、引领客人的要点		
	2.能描述不同客人到餐厅合理安排座位的原则		
技能要求	1.面带微笑,能主动与客人打招呼,询问客人要求		
	2.引领、就座手势正确		
	3.正确为客人递巾、上茶		
	4.正确为客人拉椅让座,铺口布		
	5.休息区递巾、上茶下蹲姿势正确		
综合评价：			
还需要改进的部分：			

　　建议:以上评价表可由学生自己评,也可由同学评,还可以由指导教师评价。

任务二
中餐点菜服务

任务目标

1. 能记住菜品的烹制方法、烹制时间。
2. 能记住菜品味型搭配及营养知识。
3. 能根据客人用餐要求和宴请目的,做好恰当的菜品推荐。
4. 能正确填写点菜单。
5. 能正确下单、分送点菜单。

资源准备

1. 场地准备:模拟餐厅实训室。
2. 用品准备:餐桌、餐椅、小毛巾、茶杯、茶壶、菜单等。
3. 仪容仪表准备:着职业装,保持个人卫生,发型符合规范。

任务描述

时逢中秋,小王一家来到某酒店中餐厅就餐。小王一家人到齐后,包房值台员把他们引领到餐桌旁就餐,并主动询问:"先生,请问现在可以点酒水及菜肴了吗?"小王微笑点头说道:"好的,可以点菜了。"于是值台员把IPAD点菜器双手呈给小王。

任务分析

一、点菜服务的"三掌握""三了解"

在点菜服务过程中,服务员应对菜单"三掌握":当日菜牌、当日推荐菜品和当日沽清菜品。"三了解":菜肴的烹制方法、菜肴的烹制时间和菜肴的味型特点。从而能更好地为客人进行菜品推荐和提高点菜效率。

二、点菜服务应具备的推销技巧与菜肴搭配能力

服务员较强的菜品推销能力和对菜肴的冷、热、荤、素、浓、淡味型的搭配能力,不仅能为客人提供优质服务,还能体现服务员良好的职业综合素质。

在上述案例中,服务员在为其点菜的过程中,应根据小王一家不同年龄的口味特点和口味需求主动热情地做好菜肴的冷热、荤素搭配和推销。

三、中餐点菜服务操作程序与标准

点菜服务一般需要首次服务、推荐酒水饮料、接受点菜、填单、下单等9个步骤来完成,如下图所示。

1. 首次服务：(1)当客人入座后，提供第一次香巾服务(图3-2-1)；(2)将毛巾柜内折好的香巾放入毛巾篮内，服务到桌上；(3)服务香巾从客人右侧进行，并依据女士优先、先宾后主的原则(图3-2-2)；(4)右手用香巾夹夹起香巾，从客人右侧摆放在香巾碟中，并对客人说"请用香巾"(注意保证毛巾的温度和干净无油渍)。

图3-2-1

2. 询问客人：礼貌问候客人是否可以点菜，如"请问现在可以点菜了吗?"(注意询问时的语气和语调)(图3-2-3)。

3. 推荐酒水饮料：向客人介绍餐厅提供的酒水饮料，可委婉地为客人推荐高档茶水(注意不能使用生硬或带强制性的语言)(图3-2-4)。

4. 填酒水单：(1)在饮料单上写清客人人数、台号、日期及酒水名称、杯数、服务员姓名等(注意填单字迹清晰)(图3-2-5)；(2)记住每位客人分别所需的酒水；(3)为点茶水的客人取茶、泡茶(图3-2-6)。

图3-2-2

图3-2-3

图3-2-4

图3-2-5

图3-2-6

图3-2-7

5. 斟茶倒水：（1）按客人所点茶类为客人斟茶倒水；（2）如果客人点的是壶茶，按先宾后主、女士优先的原则依次为客人斟茶倒水（注意：无需开单的茶水直接为客人冲泡）（图3-2-7）。

6. 接受点菜，填写菜品单：（1）为客人点菜时，站在客人的右侧，上身微微前倾，认真倾听客人的叙述；（2）按客人所点菜品清楚填写订单，注明客人人数、桌号、日期、送单时间、员工姓名等（注意观察，根据客人的质量需求和消费心理向客人推销餐厅的时令菜、特色菜、畅销菜等；对客人所点菜肴的味型、数量和搭配、制作时间提出合理化建议）（图3-2-8）。

7. 复单确认：在点菜记录完毕后向客人复述点菜单内容并得到客人的确认（注意复单态度要耐心细致）（图3-2-9）。

8. 下单分送：点菜单每式三联，红色——分送收银处，黄色——分送厨房，白色——分送传菜部（注意：下单迅速、分送正确、冷菜与热菜分开）（图3-2-10）。

9. 点菜后的准备工作：准备好用餐所需的配料、托盘（注意保证配料的齐全和托盘的干净）（图3-2-11）。

图3-2-8

图3-2-9

图3-2-10

图3-2-11

 知识拓展

一、提供多次香巾服务

1. 客人用餐过程中视用餐情况（如客人需要用手拿食品或虾、蟹等带壳的海鲜时）要多次更换香巾。

2. 客人用完餐后，还要进行最后一次香巾服务。

二、提供多次茶水服务

随时观察客人，及时为客人添加茶水，按顺时针方向在客人右侧服务。

三、菜品推销技巧

1. 对赶时间的客人推销容易制作、出锅速度较快的菜肴。

2. 对常客和重要客人推销新菜肴及特色菜肴。

3. 情侣及家宴让女士或儿童选择菜肴。

4. 对于吃素的客人推销低热量的菜肴。

5. 对单独的客人或经济型客人推销价格实惠的菜肴。

6. 如商务、结婚、祝寿等各类宴请，这类客人会讲究排场，需注意推销精美的菜肴。

7. 如朋友、同事聚会，这类客人要求热闹，推销品种丰富、细致而不贵的菜肴。

四、点菜前的准备工作

1. 了解菜单上菜肴的烹制方法、烹调时间、口味特点和装盘要求。

2. 了解菜单上菜肴的规格、分量。

3. 掌握客源国和地区的饮食习惯和菜肴知识。

4. 掌握餐厅当天的推荐菜与沽清菜的品种。

五、点菜服务要点

1. 掌握点菜过程中帮助客人对菜肴味型、荤素、菜量的合理搭配技巧。

2. 客人点了沽清菜应及时告诉客人换菜，并推荐与沽清菜相似的菜肴。

3. 根据客人的消费需求和消费心理向客人推销餐厅的时令菜、特色菜、畅销菜等。

 任务演练

演练一：

分小组情景模拟推荐酒水饮料服务

1. 角色分工：按班级人数将学生进行分组，以小组为单位，一名同学扮演服务员，模拟如何向客人推荐酒水饮料。其他同学扮演配合客人。

2. 学生分组轮流展示。

3. 学生互评、教师指导。

演练二：

分小组情景模拟接受点菜时如何填写点菜单

1. 角色分工：根据模拟餐厅的桌数，把学生分成10个小组，以小组为单位，一名同学扮演服务员，模拟如何为客人点菜、推销菜品。其他同学扮演配合客人。

2. 小组学生轮流展示。

3. 学生互评、教师指导。

演练三：

培养学生应对突发事件的处理能力

1. 设置职场障碍

情景一：客人点了菜单上没有的菜该如何处理？

情景二:午餐时间,来了位客人,行色匆匆。他告诉服务员要赶飞机,作为服务员你该如何帮助客人点菜?

2. 分小组讨论,汇总书面意见。

3. 每组派代表进行阐释。

训练要求:

1. 能描述对不同类型客人的菜品推销技巧。

2. 服务程序流畅、规范、准确无误。

3. 语言运用准确、体态得体。

4. 模拟实训过程中的卫生与安全。

 **学习评价**

中餐点菜服务任务评价表

班　　级:　　　　　　组　别:　　　　　　姓　名:
指导老师:　　　　　　鉴定者:　　　　　　评价时间:

考核项目	考核标准	根据评价结果在以下栏目中打"√"	
		完成	未完成
职业素养	1. 仪容仪表符合行业要求		
	2. 使用礼貌用语,面带微笑		
	3. 服务过程耐心细致、规范		
知识要求	1. 能熟练掌握点酒水的服务要点		
	2. 能熟练掌握点菜服务要点		
	3. 能熟练运用菜品推销技巧		
技能要求	1. 引领就座手势正确、得体		
	2. 正确为客人递巾、斟茶		
	3. 正确为客人填写酒水单		
	4. 正确为客人填写点菜单		
	5. 正确下单、分送点菜单		
综合评价:			
还需要改进的部分:			

建议:以上评价表可由学生自评,也可由同学互评,还可以由指导教师评价。

任务三
酒水服务

🍊 任务目标

1. 能独立完成白酒服务。
2. 能规范提供白葡萄酒服务。
3. 能规范提供红葡萄酒服务。
4. 能独立完成啤酒服务。
5. 能独立完成软饮料服务。

🍬 资源准备

1. 场地准备：模拟餐厅实训室。
2. 用品准备：各类酒水、工作台、开瓶刀、餐巾、开瓶器、各类酒杯、滗酒器、冰桶。
3. 仪容仪表准备：与课人员身着职业装，保持双手卫生，发型符合规范。

🍳 任务描述

"砰"的一声，从大厅传来摔杯的声音。接着听见有人吼道："你们卖的是假酒，我要投诉你们！"经理急忙赶去询问事情的经过。原来，客人看见所点的洋酒中有浑浊，怀疑是假酒，于是摔杯投诉。

🍡 任务分析

此案例中，服务员在向客人出售酒水时，要把好质量关，在开瓶前，要对出售的酒水进行逐一检查，不合格的酒水要退回，贵重酒水要定期检查，杜绝销售伪劣产品。

一、白酒服务

白酒服务一般需要准备、示酒、开瓶、斟酒4个步骤来完成。如下图所示。

1. 准备工作：准备开瓶器、餐巾、白酒、托盘、白酒杯若干（注意检查酒品是否是客人所需，酒水是否有瑕疵）（图3-3-1）。

2. 示酒：展示酒品的完整信息，如酒名、度数、产地、香型、瓶装容量等（注意与客人确认是否是所需酒品）（图3-3-2）。

图3-3-1

项目三 餐中服务

063

3. 开瓶:酒瓶应在客人面前开启。使用开瓶器开启酒瓶(注意防止瓶子爆裂,瓶口划伤手指)(图3-3-3)。

4. 斟酒:侧身站立于客人的右侧30厘米处,右手握酒瓶的下半部,将酒标向外,以供客人辨认。手臂伸直,瓶口与杯口保持2厘米距离(注意斟酒的顺序,也可按照主人的示意顺序来斟酒,8分满,不滴不洒)(图3-3-4)。

图3-3-2

图3-3-3

图3-3-4

图3-3-5

图3-3-6

二、白葡萄酒服务

白葡萄酒服务一般需要准备、示酒、开瓶、品酒、斟酒、冰镇6个步骤来完成。如下图所示。

1. 准备工作:(1)准备好冰酒桶、冰块、开瓶器、酒刀、餐巾、白葡萄酒与酒杯若干;(2)客人点完酒后,立即去吧台取酒,最好在5分钟之内完成;(3)在冰桶中放入1/3体积的冰块,再放入1/2体积的水后,放在冰桶架上,并配一条叠成8厘米宽的条状餐巾;(4)白葡萄酒取回后,放入冰桶中,商标向上(检查酒品是否是客人所需,酒水是否有瑕疵)(图3-3-5)。

2. 示酒:(1)将准备好的冰桶及白葡萄酒、小碟一并放在点酒客人的右侧;(2)站在客人右侧,用餐巾裹住酒瓶,只露出商标,用左手托扶住酒瓶颈部,酒标正对点酒的客人,让酒标保持在客人视线平行处;(3)让客人确认后,将白葡萄酒瓶插放在冰桶中,用餐巾覆盖;(4)询问客人现在是否可以打开白葡萄酒(注意与客人确认是否与所点酒品一致,是否可以开始服务)(图3-3-6)。

3. 开瓶:(1)得到允许后,站在冰桶的后方,右手持酒刀,轻轻划开瓶口封纸,将酒钻对准瓶塞中心点垂直钻入(图3-3-7),待钻至瓶塞2/3处时停止用力(图3-3-8),然后将酒钻的支架顶住白葡萄酒瓶口部(图3-3-9),左手扶稳酒瓶,右手慢慢提起酒钻的把手,缓缓拔出瓶塞(图3-3-10);(2)将木塞放入小碟中,放在主人的右侧;(3)用干净的餐巾仔细清理瓶口的碎屑(注意拔塞时应避免发出声响)。

图 3-3-7

图 3-3-8

图 3-3-9

图 3-3-10

4. 酒水服务:(1)品酒。右手再用折叠成长条状的餐巾将白葡萄酒瓶颈下部包好、露出酒标之后,从点酒的客人右侧为客人斟倒1/5白葡萄酒,供其品尝,确认品质(图3-3-11、图3-3-12)。(2)为客人斟酒。得到主人认可后,可按女士优先、主客优先的原则,以顺时针顺序为客人斟酒。倒入杯中2/3即可。斟酒时,应将左手背后,侧身站在客人右侧约30厘米处,在保持瓶口与杯口2厘米距离的同时,缓缓将白葡萄酒斟入杯中。(3)为主人斟酒。(4)冰镇。斟酒结束后,将白葡萄酒重新放回冰酒桶中,以餐巾覆盖冰酒桶,并将冰桶移放到点酒客人右

图 3-3-11

图 3-3-12

图 3-3-13

图 3-3-14

图 3-3-15

图 3-3-16

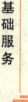

侧约30厘米处(图3-3-13)。(5)添酒。随时为客人添加。(6)当整瓶酒将要倒完时,询问是否再要一瓶。(7)如果客人表示不再加酒,随时观察客人,待其喝完酒后,立即将空杯撤掉(注意:在白葡萄酒斟至2/3杯时,手腕轻轻向内侧旋转,并随之将瓶口抬起,使瓶口残留酒液沿瓶口而流,以防将酒滴在餐台或客人衣服上)。

三、红葡萄酒服务

红葡萄酒服务一般需要准备、示酒、开瓶、滗酒、品酒、斟酒、陈放7个步骤来完成。如下图所示。

1. 准备工作:(1)准备开瓶器、餐巾、酒刀、滗酒器和红葡萄酒、红葡萄酒杯若干;(2)客人点完酒后,立即去吧台取酒,最好在5分钟之内完成;(3)将餐巾做成围脖,围在酒瓶瓶颈处(检查酒品是否是客人所需,酒水是否有瑕疵)(图3-3-14)。

2. 示酒:(1)将准备好的红葡萄酒、小碟一并放在点酒客人的右侧;(2)站在客人右侧,右手扶住瓶颈,左手托住瓶底,呈45°倾斜,商标向上,让酒标保持在客人视线平行处,供客人识别酒标、瓶口是否完整,酒名、产区、年份是否正确;(3)待客人确认酒品后,询问客人现在是否可以打开红葡萄酒(注意与客人确认是否是所点酒品,是否可以开始服务)(图3-3-15)。

3. 开瓶:(1)得到允许后,用酒刀划开红葡萄酒瓶口处的封纸(图3-3-16),使用餐巾擦拭瓶口,将酒钻对准瓶塞的中心用力钻入。当酒钻深入至瓶塞2/3处时停止用力,同时将酒钻的支架顶住红葡萄酒瓶口,左手扶稳酒瓶,右手向上提酒钻把手,利用杠杆原理将酒瓶塞拔出(图3-3-17);(2)将木塞放入小碟中,放在主人的右侧,请主人过目;(3)用干净的餐巾仔细清理瓶口的碎屑(注意根据酒品确认是否需要醒酒,一般陈年红酒不需要醒酒,没有达到成熟期的才需要)。

4. 酒水服务:(1)滗酒。将红葡萄酒开启,轻缓稳妥地借助背景烛光,将瓶中酒液倒入另一个玻璃瓶中。(2)品酒。从点酒的客人右侧为客人斟倒1/5红葡萄酒,供其品尝,确认品质(图3-3-18)。(3)为客人斟酒。得到主人认可后,可按女士优先、主客优先的原则,以顺时针顺序为客人斟酒。倒入杯中1/2即可(图3-3-19)。斟酒时,应将左手背后，侧身站在客人右侧约30厘米处，按顺时针方向服务（图3-3-20）。（4）为主人斟酒。斟酒结束后，将红葡萄酒瓶放到主人右侧约30厘米处。（5）添酒。随时为客人添加。（6）当整瓶酒将要倒完时，询问是否再要一瓶。（7）如果客人表示不再加酒，随时观察客人，待其喝完酒后，立即将空杯撤掉（注意：一般的红葡萄酒虽需经过滗酒，但在整个侍酒过程中应该注意尽量减少晃动酒液；主人先品尝；斟酒的顺序；倒酒时，一定要让客人看到商标；斟酒时，手握好瓶身，手臂伸直，手腕微倾，使红葡萄酒缓缓流入杯中，倒至酒杯容量的1/2时轻转手腕，用餐巾轻轻擦去残留酒液，防止酒液滴落；注意瓶口不能对着客人）。

图3-3-17

图3-3-18

图3-3-19

图3-3-20

四、啤酒服务

啤酒服务一般需要准备、开瓶、斟酒3个步骤。

1. 准备工作：（1）准备开瓶器、啤酒、托盘、啤酒杯若干；（2）根据季节控制好啤酒的酒温；（3）斟酒前应保持酒瓶静止直立状最少两分钟（一般啤酒的饮用温度为8℃~11℃，高级啤酒的温度为12℃左右）（图3-3-21）。

图3-3-21

图3-3-22

067

图3-3-23

图3-3-24

图3-3-25

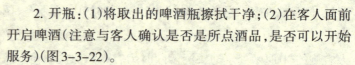

2. 开瓶：(1)将取出的啤酒瓶擦拭干净；(2)在客人面前开启啤酒(注意与客人确认是否是所点酒品，是否可以开始服务)(图3-3-22)。

3. 酒水服务：右手握啤酒瓶的下半部，将酒标向外，以供客人辨认。侧身站立于客人的右侧30厘米处。手臂伸直，瓶口与杯口保持2厘米距离，使酒水沿酒杯内壁缓缓流入杯中(注意：在杯中啤酒接近七成满时，放慢斟倒速度，并在啤酒泡沫齐杯口时顺时针旋转，防止酒液滴落。酒液斟至杯中八成满处，酒沫厚度约为2厘米且不外溢于杯口)(图3-3-23)。

五、软饮料服务

软饮料包括碳酸饮料、茶、果汁、凉茶、酸奶等，现在用得较多的软饮料包括鲜榨果汁、酸奶、凉茶。服务比较简单。

1. 准备工作：托盘、吸管、水杯、冰块、柠檬片等(注意根据餐厅提供的软饮料种类提前做好准备工作)(图3-3-24)。

2. 软饮料服务：(1)根据客人喜好取出所需的饮料。(2)将客人所点饮料斟倒入杯中以3/4为宜。(3)斟倒饮料的同时介绍饮料的名称。如：××先生，您的雪碧/可乐。(4)将还未斟倒完的饮料瓶或饮料盒放在水杯旁边，商标面向客人。吸管按客人要求提供服务(儿童使用吸管)(注意：如果客人不在，等客人回来，征求意见后再为其斟倒饮料)(图3-3-25)。

🎨 知识拓展

一、威士忌服务

威士忌其饮法多样，不同的饮法需要不同的服务程序。

1. 准备工作：6~8盎司古典杯、冰块、柠檬片、托盘、吸管等(图3-3-26)。

2. 服务：(1)净饮：一般仍用古典杯。(2)加冰块：先在古典杯中放入2~3个冰块，再倒入40毫升威士忌。(3)兑饮：作为鸡尾酒的基酒。(4)兑苏打水：在冷饮杯中，先放入2~3个冰块，再加入定量的威士忌和八分满的苏打水，以柠檬片饰杯，插入吸管供饮用(注意：美国人净饮时，喜欢用1盎司的细长小杯)(图3-3-27)。

图3-3-26

图3-3-27

二、白兰地服务

白兰地和威士忌同样有多种饮用方法。一般采用纯饮或兑饮。

1. 准备工作：白兰地杯或郁金香形杯、银托盘一个（用清洁、无皱褶白色口布铺好）、水杯若干（图3-3-28）。

2. 白兰地服务：(1)示酒：左手托住瓶底，右手托住瓶颈，左手在前略微向下，右手在后略微抬起，成45°角向客人展示。展示时采用蹲姿服务，双手捧着酒瓶递送到主客面前。让客人确认其品牌、级数（图3-3-29）。(2)询问饮用方法，是净饮还是兑饮。净饮是最好的饮用方式。224毫升的白兰地杯中倒入28毫升白兰地酒（图3-3-30）。如果客人要求纯饮时配冰水或矿泉水，则需要使用水杯盛放冰水或矿泉水，水杯摆放位置为白兰地杯的右上方。兑饮：作为鸡尾酒的基酒，常与利口酒、果汁、碳酸饮料、牛奶、矿泉水、鸡蛋等一起调制成各种鸡尾酒。在进行勾兑前询问客人的口味，是浓一些还是淡一些，浓一些应以老杯的8至9分满为标准，淡一些应以老杯的5分满为标准，如客人有特殊要求应特殊对待（注意：闻香是重要的步骤，因此采用的是专用的白兰地杯，大肚小口矮脚，限制香味的发挥；兑饮时，要询问客人的口味是浓还是淡）。

图3-3-28

图3-3-29

图3-3-30

三、冰酒服务

越来越多的客人喜欢在酒店中点冰酒。冰酒是采用冻硬的葡萄采摘酿成的高级葡萄酒。冰酒上桌前要在4℃~10℃的气温下冷藏，饮用前放入冰桶冰冻15分钟。冰酒很甜，大多是当作餐后酒。开瓶后要等十几分钟，让长时间密封的冰酒与空气充分融合，再倒入杯中。冰酒的醇香和独特在于它的舒缓，所以，饮用冰酒时一定要细品慢饮，一次不能饮用太多。其服务程序参照白葡萄酒服务程序。

任务演练

演练一：

学会开启白葡萄酒、红葡萄酒的方法

1. 每组2人，一人开启红葡萄酒、白葡萄酒，另一人观察并记录其操作不规范的地方。

2. 轮换进行练习。

3. 交流操作不规范的地方，使每人都要学会规范地开启红葡萄酒、白葡萄酒的方法。

演练二：

红葡萄酒的服务程序

1. 模拟职场，每组11人分小组进行角色扮演，一人当服务员，其余10人为宾客，轮流进行练习。

2. 扮演宾客的同学观察并记录服务员的服务是否规范,哪一个步骤遗漏或不规范。

3. 组员之间轮换练习。

4. 交流观察心得,教师对学生的服务进行点评。

演练三:

白葡萄酒的服务程序

1. 模拟职场,每组11人分小组进行角色扮演,一人当服务员,其余10人为宾客,轮流进行练习。

2. 扮演宾客的同学观察并记录服务员的服务是否规范,哪一个步骤遗漏或不规范。

3. 组员之间轮换练习。

4. 交流观察心得,教师对学生的服务进行点评。

学习评价

酒水服务任务评价表

班　　级:　　　　　　组　　别:　　　　　　姓　　名:

指导老师:　　　　　　鉴定者:　　　　　　评价时间:

考核项目	考核标准	根据评价结果在以下栏目中打"√"	
		完成	未完成
职业素养	1.仪容仪表符合行业规范		
	2.递送物品时注意礼貌		
	3.使用敬语为客人提供服务		
知识要求	熟练掌握各种酒水的服务方法		
技能要求	1.能提供规范的白酒服务		
	2.能提供规范的白葡萄酒服务		
	3.能提供规范的红葡萄酒服务		
	4.能提供规范的啤酒服务		
	5.能提供规范的软饮料服务		
综合评价:			
还需要改进的部分:			

建议:以上表格可由学生自评,也可由同学互评,还可以由指导教师评价。

任务四
菜肴服务

任务目标

1. 能正确使用规范语言报菜名。
2. 能根据客人的点餐情况把控上菜程序与上菜速度。
3. 能正确摆放各种菜肴上桌时的位置。
4. 能完成对菜肴的展示。
5. 能熟练掌握菜肴服务中的派菜技能。

资源准备

1. 场地准备：模拟餐厅实训室。
2. 用品准备：餐桌、餐椅，各种形状的冷、热菜盘、托盘等。
3. 仪容仪表准备：着职业装，保持个人卫生。

任务描述

小王一家把菜肴点齐后，等待菜肴陆续上桌。包房值台员把点菜单下单后，再次认真熟悉点菜单后，后台按点菜单上的菜品有顺序地上菜，按上菜要求规范地进行上菜服务。

任务分析

一、什么是菜肴服务？

菜肴服务是服务员将菜肴按规格和一定程序托送上餐桌的一种服务方式，是中餐服务的重要环节，也是中餐服务员必须掌握的基本技能。要求服务员必须掌握菜肴服务的程序和标准，为客人提供满意、熟练而准确的服务。

二、菜肴服务操作程序与标准

菜肴服务一般需要上菜到餐桌、上菜位置、菜肴摆放、展示菜肴、报菜名、派菜、菜肴服务共7个步骤。如下图所示。

1. 上菜到餐桌：(1)由传菜员把菜品传至工作台上或递给值台服务员；(2)由值台服务员把菜肴端上餐桌(注意：传菜员不能直接将菜肴端上餐桌)(图3-4-1)。

2. 上菜位置：(1)在餐桌下方(主人对面)的位置(副主人右侧)；(2)离工作台较近，容易上菜的位置(注意：上菜口不能有小孩与老人；不能从主人和主宾之间上菜)(图3-4-2)。

图 3-4-1

图 3-4-2

3. 菜肴摆放：(1)摆放菜肴时注意荤素搭配、颜色搭配，味型要岔开，冷热要分开；(2)盘与盘之间距离均等；(3)所有菜肴或者每上一道新菜都是摆放在转盘的边沿位置，如果是长条盘的，其盘子要横向朝着主人(注意：餐桌上严禁盘子叠盘子；随时撤去空盘，挪动菜盘位置，保持台面的美观；上菜与撤菜的位置相同)(图3-4-3)。

4. 展示菜肴：(1)站在上菜口，把新上的菜摆放于自己面前的转盘上；(2)将每上的一道新菜按顺时针方向转至主人和主宾之间的位置(或主人的位置)(注意：转动转盘的时候，手心向上，握住转盘边沿按顺时针方向匀速转动)(图3-4-4)。

图 3-4-3

图 3-4-4

5. 报菜名：(1)准确报出每道菜肴的菜名；(2)使用礼貌用语，如"宫保鸡丁，请慢用！"(注意：报菜名时保持与菜肴之间的距离)(图3-4-5)。

图 3-4-5

6. 派菜：(1)对于某些特殊菜肴需要派菜。如：汤羹类、鱼类、整形类。(2)目前，一般采用旁桌式派菜和每人每派菜方式(注意：派菜时手要卫生，动作干净利落；派菜的时候一定要注意对菜肴的保温；派菜的过程中一定要轻拿轻放，尽量避免发出餐具的碰撞声）(图3-4-6)。

7. 菜肴服务：(1)经常关心客人对菜肴及服务的特殊需求，做好针对性的超前服务；(2) 菜肴上齐后通知客人，做好第二次推销的准备；(3)对于有配料的菜品，要先上调料；(4)餐桌上不能有重盘现象，只能征求客人意见大盘换小盘；(5)上菜撤盘的基本礼节要求是：上菜不准推，撤盘不准拖(注意：上菜时动作要轻，严禁将菜肴从客人的头上越过；如果有小孩同桌就餐，一定要将热菜、汤类远离孩子并提醒成年人注意；上带壳的菜肴要跟上小毛巾和洗手盅；上带头尾的菜品，应根据当地的上菜习惯摆放)(图3-4-7)。

三、派菜服务的方式与操作说明

1. 桌上分让式：(1)提前将与客人人数相等的餐碟有序摆放在转盘上，并将派菜工具摆放在相应的位置；(2)核对菜肴，双手将菜肴置于转盘上，报菜名后，用长柄勺、长柄叉、筷子分派；(3)用托盘撤走前一道菜的餐碟后，再从转盘上取菜端给客人；(4)派菜完后，将空的菜盘和派菜工具一并撤下(图3-4-8)。

2. 旁桌式分让式：(1)将准备好的餐碟和派菜工具整齐摆放在工作台上；(2)核对菜肴，将菜肴置于转盘上报菜名后，将菜肴取走置于工作台上进行分菜；(3)分菜完毕，置于托盘内，从主宾位开始按顺时针方向派菜给客人(图3-4-9)。

图3-4-6

图3-4-7

图3-4-8

图3-4-9

3. 直接派送分让式:(1)核对菜肴,将菜肴置于转盘上报菜名后,将菜肴取走,左手用餐巾托垫菜盘盘底,右手拿分菜叉勺;(2)从主宾位开始,站在客人两椅之间顺时针方向绕台进行派送;(3)派送时,做到一勺准,动作轻盈稳妥。如果还有余菜,应把菜品稍作整理后放置于转盘上(图3-4-10)。

4. 每人每派送分让式:(1)此类派菜方式适合汤类、羹类等菜品;(2)由厨房将菜肴直接分好置于器皿内,由传菜员传至餐桌旁,再由值台服务员从主宾位开始按顺时针方向直接派送给客人(图3-4-11)。

图3-4-10   图3-4-11

 知识拓展

一、菜肴服务的上菜顺序

1. 中餐上菜顺序遵循:先冷后热、先荤后素、先浓后淡、先咸后甜的原则。

2. 上菜顺序也会因各地的风俗习惯而有差异。如在广东,汤菜是上在主菜之前。

二、特殊菜肴的上菜方法

1. 易变形的菜肴:一出锅应立即端上餐桌。上菜时要轻稳,以保持菜肴的形状与风味。

2. 对于有响声的菜肴:锅巴海参、锅巴肉片等有响声的菜,一出锅就要以最快的速度端上餐桌。立即把汁浇在锅巴上,使其发出响声,突出菜肴特色的同时也烘托了就餐的氛围。

3. 拔丝类菜肴:如有拔丝苹果、拔丝山药、拔丝土豆等菜肴,应先上热水(防止糖汁凝固),再上凉开水,最后上拔丝菜肴。

4. 盅炖菜:如冬瓜盅、西瓜盅、炖鸡盅等菜肴在上桌的时候要当着客人的面揭盖。揭盖时要翻转移开,以免把盖上的蒸汽水滴落在客人身上。

5. 带有作料的菜肴:如北京烤鸭有葱段和甜面酱,在上菜的时候同时上桌,并向客人作说明。

三、不同鱼的分让方法

1. 糖醋整鱼分让方法

分让糖醋整鱼时，左手握餐勺压住鱼头处，右手拿餐叉从鱼腹两侧将鱼肉切离鱼骨。由于糖醋鱼较焦脆，因此在操作时要用力得当。待鱼肉切开后，将鱼块放在餐碟中，并用餐勺盛糖醋汁浇于鱼块上分送给客人食用。分让时，速度要快。因为它属于火候菜，如果时间间隔过长，往往直接影响菜肴的质量。

2. 清蒸整鱼的分让方法

分清蒸整鱼时，左手握餐叉将鱼头固定，右手用餐刀从鱼中骨由头顺切至鱼尾，然后将切开的鱼肉分向两侧脱离鱼骨，待鱼骨露出后，将餐刀横于鱼骨与鱼肉之间，刀刃向鱼头，由鱼尾向鱼头处将鱼骨与鱼肉切开。当骨肉分离后，用刀叉轻轻将鱼骨托起放于鱼盘靠桌心一侧的盘边外，再将上片鱼肉与下片鱼肉吻合，使之仍呈一整鱼状（无头尾）。同时餐叉与餐刀配合，将鱼肉按客人人数切成等份，并用餐叉、餐勺将鱼肉分别盛于餐碟中分送给客人。

 **任务演练**

演练一：

情景训练找到准确的上菜位置展示菜肴、报菜名

1. 角色分工：把班级分成10个小组。由任课教师统一口令，每组轮流派一名学生找到上菜位置，并展示上菜的动作，报菜名。

2. 小组学生轮流展示。

3. 学生互评，教师指导。

演练二：

分小组情景模拟如何进行菜肴摆放

1. 角色分工：把班级分成10个小组。每组一名学生扮演服务员，其他学生扮演客人。模拟冷菜、热菜的摆放。

2. 小组学生轮流展示。

3. 学生互评，教师指导。

演练三：

分小组学习桌上分让式派菜

1. 角色分工：把班级分成10个小组。每组派一名学生扮演服务员，其他学生扮演客人。模拟操作如何在餐桌的转盘上进行分菜。

2. 小组学生轮流展示。

3. 学生互评、教师指导。

演练四：

设置职场障碍，培养学生应对突发事件的处理能力

1. 情景设置

情景一：客人提出点的菜品没有烹制熟怎么办？

075

情景二：客人提出点的菜肴烹制时间太长取消不要，该怎么办？

情景三：服务员把菜肴上错了桌该怎么办？

2. 分小组讨论，汇总书面意见。

3. 每组派代表进行阐释。

训练要求：

1. 正确描述菜肴摆放的要点。

2. 正确叙述菜肴服务的上菜顺序。

3. 语言运用准确、行为得体。

4. 模拟实训过程中的卫生与安全。

 **学习评价**

菜肴服务任务评价表

班　　级：　　　　　　组　　别：　　　　　　姓　　名：

指导老师：　　　　　　鉴定者：　　　　　　评价时间：

考核项目	考核标准	根据评价结果在以下栏目中打"√"	
		完成	未完成
职业素养	1. 仪容仪表符合行业要求		
	2. 使用礼貌用语，面带微笑		
	3. 服务过程耐心细致、规范		
知识要求	1. 能熟练掌握菜肴摆放的服务要点		
	2. 能熟练掌握菜肴的上菜顺序		
	3. 能熟练掌握特殊菜肴的上菜方法		
技能要求	1. 正确为客人摆放菜肴		
	2. 正确找到上菜的位置		
	3. 正确提供2种派菜服务方式		
	4. 正确为客人提供席间的菜肴服务		
综合评价：			
还需要改进的部分：			

建议：以上评价表可由学生自评，也可由同学互评，还可以由指导教师评价。

任务五
席间服务

 **任务目标**

1. 能根据客人进餐情况,熟练灵活地为宾客进行餐具的撤换。
2. 能按照服务标准,及时对台面进行清理。
3. 能灵活处理宾客进餐过程中的突发事件。

资源准备

1. 场地准备:模拟餐厅。
2. 用品准备:圆托盘、布置完好的中餐台面、餐碟、烟灰缸。
3. 仪容仪表准备:与课人员身着职业装,保持双手卫生,发型符合规范。

任务描述

时逢中秋节,小王一家8人选择到五星酒店中餐厅包房就餐。丰盛的菜品已经全部上桌,服务员小李仍忙碌着。她一会儿为宾客撤换脏碟,一会儿为客人续斟酒水。当她看到桌面上有一盘菜仅剩下很少的量时,就直接在转盘上放上一个小碟,当着客人的面,将大盘中的菜倒入小碟中。此时,客人脸上露出不悦的表情。

任务分析

此案例中,服务员小李在席间服务清理台面时,发现台面菜肴需换成小碟盛装时,未征求宾客的同意,且当着客人的面,在转盘上换盘,让客人感到未受到尊重,故表示出不满。

一、席间服务内容

席间服务共包括勤巡视、勤撤换餐具、勤换烟灰缸、勤续酒水、勤换小毛巾、清理台面6个内容。各项服务交替进行。

二、席间服务的操作程序与标准

1. 勤巡视:用视觉、听觉及时发现客人进餐中的情况,主动为客服务(注意:要察言观色,对客人进行细致观察)(图3-5-1)。

图3-5-1

077

2. 勤换餐用具：（1）从主宾开始，在每位宾客右侧，按顺时针方向绕台进行（图3-5-2）。（2）左手托盘，右手先撤下用过的餐具，然后再送上干净的餐具（注意撤盘时托盘的平衡，物品堆放合理；尊重客人的习惯，如个别客人盘内有食物，可征求客人意见，灵活撤换）（图3-5-3）。

图3-5-2　　　　　　　　　图3-5-3　　　　　　　　　图3-5-4

3. 勤换烟灰缸：（1）当烟灰缸中有两个烟蒂或杂物后，应立即撤换烟灰缸（图3-5-4）。（2）常用"以一换一"的方法。拿一只干净的烟灰缸扣在用过的烟灰缸上，将两只烟灰缸一起移入左手托盘，再将上面的干净烟灰缸摆回餐桌（图3-5-5）（注意观察烟灰缸的使用状况；在更换时要注意避免烟灰飞散）。

4. 勤续酒水：当宾客杯中的酒水少于1/3时，应征求宾客意见，为客人续酒水（注意：如果宾客不再需要酒水，不可强行劝酒）（图3-5-6）。

图3-5-5　　　　　　　　　　　　　　图3-5-6

5. 勤换小毛巾：换小毛巾的标准同本任务1的要求（注意：在进餐中，要灵活地为客人提供多次小毛巾服务）（图3-5-7）。

6. 勤清理台面:使用抹布和残渣夹,及时清理台面的杂物,随时保持台面的清洁(注意:要学会观察台面的用餐情况;撤盘时要征求宾客同意;及时在落台将剩下不多的菜换成小碟)(图3-5-8)。

图3-5-7

图3-5-8

 知识拓展

一、撤换餐具的时机

撤换餐具的次数要视具体的情况而定。

1. 带壳、带骨、带刺的菜肴用完后需要更换干净的餐碟。

2. 吃完带浓汁的菜肴后,需要更换骨碟。

3. 上翅、羹、汤之前,上一套小汤碗,待客人吃完后,送上毛巾,收回汤碗,换上干净餐碟。

4. 上名贵菜肴前应更换餐具。

5. 菜肴口味差异较大时,应更换餐具。

6. 上甜品、水果前要换上干净餐碟和水果刀叉

7. 餐碟内洒落酒水、饮料或异物时,要及时更换。

8. 客人失误,将餐具跌落到地上时,要立即更换。

二、应对宾客特殊需求

1. 席间服务中,有可能会遇到一些特殊情况,此时应本着"不损客人之尊,不伤主人之雅"的原则灵活满足客人合理而可能的需求。

2. 处理客人投诉的技巧

(1)专注地倾听客人诉说,不要急于辩解;准确领会客人的意思,不要跟着客人的情绪走,把握问题的关键所在,确认问题的性质和程度。

（2）必要时，察看投诉物，迅速做出判断。

（3）向客人致歉，并请客人稍候，马上与有关部门取得联系。

（4）跟进处理情况，向客人询问对处理意见是否满意，落实后再次致歉客人，也应做简短祝辞。

 **任务演练**

演练一：

分小组模拟练习餐具的撤换

1. 角色分工：每名学生轮流扮演服务员，小组其他同学扮演宾客落座。

2. 扮演服务员的学生使用托盘，为一桌10个客位的客人撤换餐碟。

3. 学生互评，教师指导。

演练二：

模拟练习为一桌4个客位的客人撤换烟灰缸

1. 角色分工：每名学生轮流扮演服务员，小组其他同学扮演宾客落座。

2. 扮演服务员的学生使用托盘，为一桌4个客位的客人撤换烟灰缸。

3. 学生互评，教师指导。

演练三：

根据台面菜肴的情况，使用服务工具，及时进行台面清理

1. 教师给出职场情景

情景一：客人不小心将菜肴滴落在转盘上，服务员应怎样处理？

情景二：客人将菜肴配料碟打翻，调味汁洒在台布上，服务员应怎样处理？

2. 请各小组讨论后，演示解决的办法。

3. 师生点评。

演练四：

设置职场障碍，培养学生处理突发事件的能力

1. 情景设置

情景一：客人本已经点好的菜暂时售完，服务员应如何处理？

情景二：进餐过程中，宾客碰翻茶杯、饮料等，服务员应如何处理？

情景三：客人提出菜肴不熟或菜肴有变味的情况，服务员应作何处理？

2. 小组集思广益，讨论后形成书面意见。

3. 每组派代表进行阐释。

席间服务评价表

班　级：　　　　　　　组　别：　　　　　　　姓　名：

指导老师：　　　　　　鉴定者：　　　　　　　评价时间：

考核项目	考核标准	根据评价结果在以下栏目中打"√"	
		完成	未完成
职业素养	1. 养成良好的卫生习惯		
	2. 在托盘使用过程中，有职场安全意识		
	3. 为客服务，主动使用敬语，注意礼貌		
知识要求	1. 列举撤换餐具的时机		
	2. 说出处理突发事件的原则		
技能要求	1. 能按行业要求熟练撤换餐具		
	2. 能规范完成烟灰缸的撤换		
	3. 能及时对台面进行清理		
综合评价：			
还需要改进的部分：			

　　建议：以上表格可由学生自评，也可由同学互评，还可以由指导教师评价。

任务六
结账服务

任务目标

1. 能按照结账服务流程,提供结账服务。
2. 能根据客人实际情况,选择恰当的结账方式,为宾客提供结账服务。

资源准备

1. 场地准备:模拟餐厅。
2. 用品准备:账单夹、各式账单、信用卡、支票、现金、笔等。
3. 仪容仪表准备:与课人员身着职业装,保持双手卫生,发型符合规范。

任务描述

晚餐即将结束,客人小王示意服务员结账。但因为餐厅客人特别多,服务员十分钟后才来到小王桌前。小王很不高兴地说:"你们的结账速度怎么跟蜗牛一样呀!"

任务分析

此案例中,服务员在客人小王要求结账时,未向客人提供快捷的结账服务,导致客人等候结账时间过长,产生不满情绪。虽然结账服务已经接近宾客用餐的尾声,但热情、快捷、准确的结账服务仍是关键,服务人员应高度重视。

一、结账服务操作程序与标准

1. 取账单:(1)给客人上完菜后,服务员要到收银台核对账单。(2)当客人要求结账时,请客人稍后。服务员立即到收银台,告诉收银员台号并取账单(图3-6-1)。(3)再次核查账单台号、人数、食品及饮品消费额是否准确。将账单放入账单夹内,准备好结账用笔(注意:务必提前核对账单,避免出现错误;要注意确保账单夹打开时,账单正面朝向客人)。

2. 递账单:(1)服务员为客人结账时,应站在结账客人的右后侧,打开收银夹,双手呈送给客人(可左手托住账单夹下端,右手持账单夹上端);(2)使用敬语"先生/女士,这是您的账单,请过目"(注意:如客人未看账单,可用手为客人指

图3-6-1

中餐基础服务

一下价钱。是否需要为宾客读出消费金额,可视现场具体情况而定)(图3-6-2)。

3.结账(以现金结账方式为例):(1)根据客人的实际情况,针对不同的结账方式,提供结账服务;(2)客人付现金,服务员应立即礼貌地在餐桌旁点清钱款,确认没有问题后,请客人稍候(图3-6-3);(3)将账单及现金交收银员,核对收银员找回的零钱及账单留存联是否正确;(4)服务员将账单留存联和零钱、发票夹在账单夹内,返回后站在结账客人的右后侧,打开账单夹,双手呈送给客人(图3-6-4);(5)使用敬语"这是找您的零钱,请清点";(6)真诚地向客人表示感谢(图3-6-5)(注意:有时,也会有客人要求直接到收银台结账,服务员应礼貌地引领客人到收银台;客人需要开具发票时,应问清客人有关信息以及发票需要写明的单位名称)。

图3-6-2

图3-6-3

图3-6-4

图3-6-5

二、结账的常见方式

结账的方式除了现金,还会有信用卡结账、支票结账、签单结账。

(一)信用卡结账

1.核对信用卡信息:(1)确认客人信用卡是否是饭店受理的种类;(2)查验信用卡的有

效期、持卡人的姓名和性别、持卡人本人的身份证;(3)向客人致谢(注意:仔细检查,认真核对,注意信用卡的有效期;规范的礼貌用语)。

图3-6-6

图3-6-7

图3-6-8

2. 核对信用卡资料:(1)将信用卡、身份证和账单递交收银台(图3-6-6);(2)收银台再次核对信用卡有效期、持卡人姓名和性别、持卡人本人身份证,并核对信用卡公司的注销名册等;(3)确定无误后,刷卡办理结账(注意:在送交过程中对信用卡、账单、客人证件的妥善保管)(图3-6-7)。

3. 办理信用卡结账手续:(1)请客人确认账单金额,并在信用卡签购单持卡人签名处签名;(2)核对客人签名是否与信用卡背后签名相同(注意:认真核对签名,保证客人签名位置正确)。

4. 结账结束:(1)将持卡人存根联、信用卡、身份证和发票交还客人;(2)礼貌致谢,然后将正本表格交还收银员保管(注意:提醒客人收好相关证件以及规范致谢;双手递交)(图3-6-8)。

(二)支票结账

1. 核对支票:核对支票的有效期,检查支票的有关印章、电脑密码等(注意:仔细检查,认真核对)。

2. 确定客人身份:(1)请客人出示有效证件;(2)请客人告知联系电话及单位地址;(3)礼貌向客人致谢(注意:证件的有效期;询问客人时用规范的礼貌用语)(图3-6-9)。

图3-6-9

图3-6-10

3. 办理支票结账手续：将支票、账单以及持票客人有效证件送交收银员办理结账手续，如填写支票，记下客人的证件号码和联系电话，并写在支票背后（注意：在送交过程中对支票、账单、客人证件的妥善保管；客人需要开具发票时，应问清客人有关信息以及发票需要写明的单位名称）(图3-6-10)。

4. 后续工作：(1)服务员将账单第一联及支票存根核对后送还给客人；(2)将客人的有效证件、发票归还给客人；(3)真诚礼貌地致谢（注意：是支票的副联归还客人，提醒客人收好相关证件以及规范致谢；双手递交）(图3-6-11)。

图3-6-11

（三）签单结账

1. 核对房卡或协议签单证明：(1)客人出示房卡或协议签单证明时，服务员应迅速用右手递上笔；(2)核对房卡或协议签单证明，核对无误后，将其归还客人（注意：准确无误地核对房卡或协议签单证明）(图3-6-12)。

图3-6-12

2. 客人签单：请客人在账单上填写房间号码和正楷签名，或填写协议单位和正楷签名（注意：礼貌地为客人说明需要填写的地方以及账单签名位置）(图3-6-13)。

3. 客人签单结束后工作：(1)客人签好账单后，服务员要礼貌致谢；(2)并迅速将签过字的账单递交给收银台（注意：客人签完单服务员把第一联、第二联交给收银员核对）(图3-6-14)。

图3-6-13

图3-6-14

 **知识拓展**

一、银行卡的种类

银行卡包括借记卡和信用卡两种。

借记卡和信用卡的区别

种类 项目	借记卡	信用卡
办理条件	凡是公民凭身份证即可办理	有一定的申办条件,且有相应的偿还能力
使用方式	先存款后使用	先消费后还款
能否透支	不能	能
是否计息	存款按储蓄利率	不计息
保密状况	需要密码	密码可有可无,在我国境内一般认密码,国外一般认签名
是否影响信用	不影响	影响个人信用
标志	只有银联标志	有防伪标志和银联标志

二、收银员受理银行卡时应审查下列事项

1. 确为本单位可受理的银行卡。

2. 信用卡在有效期内,未列入"止付名单"。

3. 签名条上没有"样卡"或"专用卡"等非正常签名的字样。

4. 银行卡无打孔、剪角、毁坏或涂改的痕迹。

5. 卡片正面的拼音姓名与卡片背面的签名和身份证件上的姓名一致。

 任务演练

演练一:

用角色扮演法,分小组进行结账服务程序及常用的结账方式演练

1. 各组选择一种结账方式,设计一个职场情境,写出模拟对话程序。

2. 每组派代表进行情境模拟。

3. 师生点评。

演练二:

设置职场障碍,培养学生处理突发事件的能力

1. 情景设置

情景一:客人提出账单总额有异议,服务员应如何处理?

情景二：主人未结账，一桌的客人准备离开，服务员应如何处理？

2. 小组讨论并形成书面解决办法。

3. 每组派代表进行阐释。

 **学习评价**

结账服务任务评价表

班　　级：　　　　　　组　别：　　　　　　姓　　名：

指导老师：　　　　　　鉴定者：　　　　　　评价时间：

考核项目	考核标准	根据评价结果在以下栏目中打"√"	
		完成	未完成
职业素养	1. 仪容仪表符合行业规范		
	2. 递送物品时注意礼貌		
	3. 使用敬语为客人提供服务		
知识要求	能描述酒店结账的主要方式及适用情况		
技能要求	1. 能提供规范的现金结账服务		
	2. 能提供规范的信用卡结账服务		
	3. 能提供规范的支票结账服务		
	4. 能提供规范的签单结账服务		
综合评价：			
还需要改进的部分：			

建议：以上表格可由学生自评，也可由同学互评，还可以由指导教师评价。

任务七
送客服务

任务目标

1. 能快捷、规范地为宾客提供打包服务。
2. 能按照酒店行业要求,完成拉椅送客。
3. 能按酒店要求,妥善处理宾客遗留物品。

资源准备

1. 场地准备:模拟餐厅。
2. 用品准备:餐桌、餐椅、打包盒、打包袋等。
3. 仪容仪表准备:与课人员身着职业装,保持双手卫生,发型符合规范。

任务描述

小王一家8人在品尝了美味佳肴后,起身准备离开,服务员立即迎上前去主动为客拉椅。服务员细心地提醒:"请带好您的随身物品! 期待您的再次光临!"客人脸上露出满意的微笑。

任务分析

送客服务是为宾客提供的最后一个服务环节,这是巩固第一印象,给客人留下深刻印象的重要时刻。客人满意度也将决定着能否留住客源,因此,服务人员不能掉以轻心,要善始善终,尽最大努力得到客人的认可。

一、送客服务内容

送客服务共包括征询宾客就餐意见、提供打包服务、拉椅送客、致谢道别、送客离开、客人遗留物品检查6个方面的内容。

二、送客服务操作程序与标准

送客服务操作程序与标准如下图所示。

1. 征求宾客意见:(1) 主动向宾客征求进餐中的意见和建议;(2)做好记录,并对客人的建议表示重视和感谢(要有良好的心态来面对客人提出的问题,有则改之无则加勉,切不可与客人发生争执)(图3-7-1)。

2. 提供打包服务：(1)客人提出打包时，服务员迅速到工作台拿取打包盒、打包袋；(2)最好将打包食品撤到落台，在落台上将打包食品包装妥帖(切不可流露出瞧不起客人的情绪，在提倡"光盘"行动的今天，打包更应受到人们的尊重)(图3-7-2)。

3. 拉椅送客：(1)待客起身离开时，主动上前为客人拉椅，以方便客人离席；(2)友善地提醒客人带好随身携带的物品(注意：拉椅动作不宜过大、过猛；提醒客人带好随身物品时，服务员也应快速检查一遍)(图3-7-3)。

图3-7-1   图3-7-2   图3-7-3

4. 致谢道别：将客人送至餐厅门口，鞠躬与客人道别，真诚欢迎客人再次光临(注意：迎宾及餐厅管理人员也应在餐厅门口再次向客人致谢道别)(图3-7-4、图3-7-5)。

图3-7-4   图3-7-5

5. 送客离开：面带微笑，目送客人离开(注意：如果客人需乘电梯离开，服务员应帮助客人按住电梯，待客人进入电梯，且电梯运行后，再回到工作区域)(图3-7-6)。

6. 客人遗留物品检查：(1)服务员送走客人，要立即返回服务区域，再次检查是否有客人遗留物品(如：手机、皮包等)；(2)如果发现有遗留物品，应立即追上客人并交还给客人；(3)如果客人已经离开，要及时向上级领导汇报，将物品交给大堂副理登记、保管(注意：不可有贪恋之心，不可将客人物品占为己有，这是从事服务工作最重要的职业品质)(图3-7-7)。

图3-7-6 图3-7-7

知识拓展

送客服务是最后一个对客服务环节,要特别注意为客人提供耐心、细致、周到的服务,要注意以下的情况。

1. 客人已经结账完毕,但仍未离开餐位,此时,服务人员切不可关灯或调暗光线,或收拾餐用具时故意弄出声响,这样,会让客人感觉有下逐客令的意思,以至于产生不满。

2. 如餐厅门口有车道,迎宾员还应为需要乘坐出租车的客人帮忙叫车,目送客人乘车离开。

3. 如遇特殊天气,餐厅应有专人安排客人离店,如亲自将宾客送到门口,下雨时为没有带雨具的客人打伞,扶老携幼,直至宾客安全离开。

4. 如有重大餐饮活动的欢送,更应隆重、热烈,服务员还应穿戴规范、列队欢送。

任务演练

演练一:

角色扮演,分小组模拟练习送客服务

1. 分小组讨论、设计一个客人离开餐厅的情景。

2. 每组一名学生扮演服务员,小组其他同学扮演宾客。角色在一轮结束后互换。

3. 学生互评,教师指导。

演练二:

设置职场障碍,培养学生处理突发事件的能力

1. 情景:客人对服务员的服务非常满意,随即拿出一件小礼物,准备赠予服务员,服务员应如何处理?

2. 小组讨论并形成书面解决办法。

3. 每组派代表进行阐释。

 **学习评价**

送客服务任务评价表

班　　级：　　　　　　　　组　别：　　　　　　　　姓　名：
指导老师：　　　　　　　　鉴定者：　　　　　　　　评价时间：

考核项目	考核标准	根据评价结果在以下栏目中打"√"	
		完成	未完成
职业素养	1.注意语言表达清楚、准确、有亲和力		
	2.服务态度真诚、热情、细致、周到		
知识要求	能描述送客服务的主要内容		
技能要求	1.能为客人提供规范的打包服务		
	2.能规范完成拉椅送客		
	3.能按程序处理好宾客遗留物品		
综合评价：			
还需要改进的部分：			

　　建议：以上评价表可由学生自己评，也可由同学评，还可以由指导教师评价。

项目学习评价表

建议此表在学生学习完本项目后，自我评价。

我已经完成了以下任务的学习	在你认为完成的项目中打"√"
能热情、规范地进行迎宾服务	
能熟练、灵活地为客人提供点菜服务	
能提供中餐常用酒水的服务	
能规范、灵活地做好菜肴的上菜、分菜服务	
能根据客人进餐情况，熟练、灵活地提供席间服务	
能根据客人的实际情况，提供不同形式的结账服务	
能熟练完成送客服务	
养成职场安全卫生意识和良好的服务意识	

如果你有任何学习或评估上的问题，请与老师联系，我们会帮助你。

_____

_____

_____

_____

我的建议是：

_____

_____

_____

谢谢参与

项目四 餐后工作

XIANG MU SI

项目描述

    当餐厅宾客全部用餐完毕离开餐厅后,并不代表员工的工作就到此结束,餐饮部员工应做好餐后的收尾工作。餐后的工作在餐饮服务中起着承上启下的作用,只有在这个环节保证服务质量,才能保证为下一批或下一餐的宾客提供优质的服务,它包括餐厅整理和工作小结两个任务。

学习目标

    ①记住餐厅餐后工作的具体内容。

    ②能规范完成餐后各项整理工作。

    ③参与餐后工作的总结,分析工作中的经验,提高自身的服务意识和综合素质。

任务一
餐厅整理

任务目标

1. 能按照餐厅收台工作程序和标准,完成餐厅撤台工作。
2. 能按照餐后整理程序,做好环境及安全检查。

资源准备

1. 场地准备:模拟餐厅实训室。
2. 用品准备:托盘、餐用具、花瓶、调味瓶、台号牌等。
3. 仪容仪表准备:与课人员身着职业装,保持双手卫生,发型符合规范。

任务描述

酒店打烊时间快到了,餐厅送走了最后一位客人,但是服务员的工作还没有结束,他们还要继续餐后的收尾工作和整理工作。

任务分析

宾客离开餐厅后,不管是否已到打烊时间,餐厅服务员应立即做好餐后收尾和整理工作,以保证再次服务的效果。餐后整理工作应该按照步骤一一进行,如下图所示。

1. 收拾台面:(1)桌面上的花瓶、调味瓶和台号牌等收到托盘上,暂时放于服务台上;(2)收撤的顺序为银器→餐巾、香巾→酒具→瓷器→筷子(图4-1-1);(3)桌面清理完后,立即更换台布,如果是使用转盘的餐桌,需先取下已经用过的转盘,然后更换台布,再摆好转盘;(4)用干净餐巾把花瓶、调味瓶和台号牌擦干净后按摆台规范摆上桌面;(5)物品分类(干净和脏的也要分开)送往备餐间;(6)重要物品要当场清点;(7)要注意周围的环境卫

中餐基础服务

094

图4-1-1

图4-1-2

生,不要将餐纸、杂物、残汤剩菜等乱洒乱扔;(8)撤台时如发现客人遗忘的物品,应及时联系客人或上交有关部门(注意:收餐具时要轻拿轻放,尽量不要发出碰撞声响)。

2. 重新摆台:在用餐时间,需迅速重新摆台,以迎接下一批客人(图4-1-2)。

3. 环境整理:(1)当营业结束,客人离开后,服务员开始着手餐厅的清理工作;(2)关掉大部分的照明灯,只留适当的灯光供整理用;(3)清洁四周护墙及地面,地毯吸尘(注意:地毯如有污迹,通知负责清洁的部门清洗)(图4-1-3)。

图4-1-3

4. 安全检查:(1)关闭水、电等设备开关,关闭好门窗;(2)当值负责人做完最后的安全防患检查后,填写管理日志;(3)落实餐厅各项安全防患工作,最后锁好员工出入口,方可离开(图4-1-4)。

图4-1-4

任务演练

撤台(台面为完整的中餐零点的台面摆放,客人用具齐备)

1. 分小组练习撤台。

2. 2名同学4分钟内撤完一个餐台,操作规范,顺序正确,分类收放合理。

3. 小组间相互评价。

学习评价

餐厅整理任务评价表

班　级:　　　　　组　别:　　　　　姓　名:

指导老师:　　　　鉴定者:　　　　　评价时间:

考核项目	考核标准	根据评价结果在以下栏目中打"√"	
		完成	未完成
职业素养	1. 注意操作卫生		
	2. 有职场健康与安全的职业习惯		
知识要求	能描述撤台的服务标准		
技能要求	1. 能灵活完成中餐零点台面的撤台		
	2. 能完成环境整理		
	3. 能完成安全检查		
综合评价:			
还需要改进的部分:			

建议:以上评价表可由学生自评,也可由学生互评,还可以由指导教师评价。

项目四　餐后工作

095

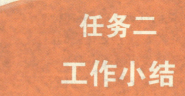

任务二
工作小结

任务目标

1. 能填写工作小结。
2. 能完成工作日志和建立客史档案。
3. 能组织召开餐后会。

资源准备

1. 场地准备:模拟餐厅实训室。
2. 用品准备:工作日志本、笔等。
3. 仪容仪表准备:与课人员身着职业装,保持双手卫生,发型符合规范。

任务描述

某酒店餐厅在整理完餐后所有事物后,经理进行了最后一次检查,并和服务员一起仔细回忆了一天的工作,填写日志,总结得失,建立档案,以便与下一班员工的工作能有一个好的交接。

图4-2-1

任务分析

在上述案例的餐后总结中,经理和同事一起回顾、评估服务工作,确认可能改进的地方是提供优质服务的有效方法。总结工作程序如下图所示。

1. 检查总结:餐厅经理或主管检查收尾工作,必要时召开餐后会,服务员总结并与接班者进行交接(注意:交接工作最好有书面记录)(图4-2-1)。

2. 填写日志:(1)对餐厅经营情况、客人情况、服务人数等项目进行认真统计后,用数字仔细填写;(2)有关客人投诉等内容要将事情的详细过程、处理方法、处理结果完整记录下来;(3)在报表上体现的问题,须写出原因、做出分析;(4)写出解决计划、办法(注意:日志一般由餐厅

工作日志

餐饮管理有限公司

部门:	日期:	提交人:
今日完成事项:		
次日工作计划:		

图4-2-2

主管来填写)(图4-2-2)。

　　3. 建立客史档案:根据当餐顾客的情况,建立客史档案(图4-2-3)。

　　4. 信息传递:将填写好的报表上交餐厅经理,按照规定将相关信息输入计算机并通知相关岗位(图4-2-4)。

图4-2-3　　　　　　　　　　　　　　　　　　图4-2-4

　　5. 上交存档,复印一份作为资料存档(图4-2-5)。

　　6. 反馈、改进:(1)对于客人的投诉,事后要写上餐厅的改进措施、客人的反馈意见;(2)对餐厅经营情况,要记录改进后的效果(图4-2-6)。

图4-2-5　　　　　　　　　　　　　　　　　　图4-2-6

 知识拓展

一、客史档案

1. 主要内容

(1)基本特征(姓名、性别、年龄、职位、职业)。

(2)饮食特点(菜点、酒水)。

(3)特殊要求、忌讳及其他特征。

2. 作用

　　建立客史档案能让使客人有宾至如归的感觉,不仅有利于引发下次消费行为,还有利于进一步提高餐厅服务的管理水平,使餐厅服务工作做到尽善尽美,给客人留下完美印象。

二、餐后会

餐后会同餐前会同样重要,是一项总结性的工作。具体内容如下。

1. 填写工作日志。

2. 归纳宾客的意见和建议。

3. 认真总结接待服务工作,克服缺点,不断提高服务质量和服务水平。

 任务演练

演练一:

填写管理日志

1. 分组讨论。2. 按规范填写一份餐厅管理日志。3. 小组互评。

演练二:

建立客史档案

1. 分组设计一份客人的问卷调查表。2. 每组学生模拟客人填写问卷调查表。3. 建立一个以本组为对象的客史档案。

演练三:

餐后会

1. 分组选出一名领班。2. 模拟召开一次餐后会。3. 完成工作总结,并形成书面材料。

 学习评价

工作小结任务评价表

班　级:　　　　　　组　别:　　　　　　姓　名:

指导老师:　　　　　　鉴定者:　　　　　　评价时间:

考核项目	考核标准	根据评价结果在以下栏目中打"√"	
		完成	未完成
职业素养	1. 注重职场礼节礼仪		
	2. 有职场安全意识		
知识要求	1. 能撰写客史档案的内容		
	2. 能说出餐后会的要点		
技能要求	1. 能建立客史档案		
	2. 能填写餐厅管理日志		
	3. 能召开餐后会		
综合评价:			
还需要改进的部分:			

建议:以上评价表可由学生自评,也可由学生互评,还可以由指导教师评价。

项目学习评价表

建议此表在学生学习完本项目后,自我评价。

我已经完成了以下任务的学习	在你认为完成的项目中打"√"
能记住餐后餐厅整理的程序及标准	
能记住撤台程序及标准	
能完成一天工作小结	
能完成工作日志	
能建立客史档案	
能组织召开餐后会	

如果你有任何学习或评估上的问题,请与老师联系,我们会帮助你。

_____

_____

_____

我的建议是:

_____

_____

_____

_____

谢谢参与

参考文献

[1] 单慧芳,李艳.餐饮服务与管理[M].北京:中国铁道出版社,2009

[2] 邹薇.餐饮基础服务[M].重庆:重庆大学出版社,2008

[3] 〔日〕岩崎昭德.现代餐厅待应技术[M].王永泽译.广州:广州出版社,2000

[4] 傅启鹏.餐饮服务与管理[M].北京:高等教育出版社,2002